LinkedIn: www.linkedin.com/in/coach-james-lass-8b914a69
TikTok: @CoachJamesLass
Facebook: @CoachJamesLass
Instagram: @CoachJamesLass
Youtube: @CoachJamesLass

James Lass
Calzada del Federalismo Sur 380
44160 Guadalajara Jalisco
México
www.vivehoy.com.mx

Dedicatoria

Este libro lo dedica a mi hermosa esposa, la Coach Gloria Leticia Maldonado Vásquez. Me ha cambiado la vida por llevarme al Entrenamiento Transformacional, a superar muchas cosas, a cambiar mi Ser y llevarme profesionalmente al coaching. A mi madre, que siempre estuve presente en momentos difíciles en mi vida, no importa que paso en el pasado, lo que cuenta es que si estar presente siempre. A mis abuelos que me hicieron crecer, así de incondicionales. A todos los Maestros que tenía en mi vida, no estoy hablando de los Maestros escolares, estoy hablando de las personas que siempre me dejaron enseñanzas en mi vida. Gracias a los Coaches con cuales ha trabajada en mi trayectoria dentro del coaching, cada uno me ha dejado aprendizajes distintos, muy sabios y que me orientaron, hicieron visibles errores que tenía y todavía tengo. Nadie es perfecto y nadie debería ser perfecto, pero muchas gracias a todos que me enseñaron a trabajar en mis defectos, que me enseñaron hacerme a mí mismo visible mis defectos. Gracias a todas las personas que han creído en mi hasta ahorita y que siguen creyendo en mí. Gracias al Universo por cumplir mis deseos, por perdonar mis berrinches, por tanta enseñanza y por dejarme el Don de puede enseñar a otros.

Estoy muy agradecido con la vida y lo disfruta al máximo. Todavía tengo muchos sueños por cumplir, como muchas más personas. No me preocupa, lo voy a lograr. Los que no voy a lograr ahorita lo pospongo para más adelante, sabiendo que si o si los voy a cumplir a todos.

Lo dedica a todas las personas que me han apoyado, a mis amigos aquí en México, son los mejores, son simplemente incondicionales y no ha conocido mejores. No se comparan, simplemente estuvieron en cuando más lo necesitaba sin pedir algo a cambio. Muchas gracias a la familia Maldonado Vásquez que me recibió con los brazos abiertos, que me hicieron simplemente para de su familia desde el primer día en cuando empecé a conocerlos. Gracias a mi esposa, sin ti, nada era posible.

Prólogo

El libro "Por Encima de la Posibilidad", escrito por James Lass, ofrece una perspectiva única y enriquecedora sobre cómo alcanzar el éxito y superar los límites personales y profesionales. Con 57 años de experiencia y certificado como Coach, Lass brinda una guía accesible para cualquier persona que busque alcanzar sus metas y crecer en todas las áreas de su vida.

Lo que hace especial a este libro es su enfoque inclusivo y práctico. No se requiere ser un experto en coaching o psicología para entenderlo; está diseñado para ser comprendido por personas de todas las edades y niveles de experiencia. A través de reflexiones y ejemplos claros, invita a los lectores a pensar y aplicar los conceptos en su propia vida, ya sea en el ámbito personal o profesional.

El libro aborda temas universales como el desarrollo personal, el liderazgo y el éxito, ofreciendo herramientas y estrategias para cambiar patrones de pensamiento y mejorar habilidades. Ayuda a los lectores a identificar sus objetivos y ajustar sus pensamientos para alcanzarlos, transformándose en líderes y ganadores en sus propias vidas.

Una de las principales reflexiones que propone el libro es que cada persona tiene el potencial de ir más allá de sus posibilidades actuales. A través de la intención y la acción, es posible alcanzar un nivel de éxito que va más allá de lo que uno creía posible. El libro inspira a los lectores a recordar momentos en los que estuvieron por encima de sus posibilidades y les ofrece herramientas para llegar a ese punto una vez más.

En resumen, "Por Encima de la Posibilidad" es una lectura motivadora y transformadora que guía a los lectores hacia un camino de crecimiento personal y profesional. Con la sabiduría y experiencia de James Lass, este libro ofrece un mapa claro para alcanzar el éxito y superar los límites en todas las áreas de la vida.

James Lass

m

Por encima de la posibilidad

m

¿Que es la posibilidad?

La posibilidad comúnmente es que exista, ocurra o puede realizarse. Pero realmente que es posible y eso puede ser cualquier cosa. Al final todo es posible, el límite eres tú, o, mejor dicho, el límite es tu cerebro. La posibilidad es tan abierta y tan grande que en la mayor parte está a fuera de cualquier imaginación, por eso las personas en la mayor parte ni llegan a sus posibilidades.

Imagínate que tú ves en el Internet un video sobre una escena de la naturaleza que existe y piensas: "Yo quiero conocerlo", pero de inmediato tu propio cerebro empieza a boicotearte con pensamientos negativos. Te puede asegurar tu primer pensamiento es el gasto de dinero y después el tiempo. Son los dos factores más grandes que tú mismo a través de tu subconsciente viajas a tu nivel inconsciente y este retorna que no es posible a tu nivel de consciencia. Entonces tu consciencia te dice que no y ya con eso se queda la idea o tu sueño en la nube. Si tu empiezas a dominar tus pensamientos tus posibilidades cambian drásticamente. La posibilidad es lo que tu te propongas, pero ojo, lo que tu inconsciente te limita, lo que tus papas y el resto de tu entorno te limitaron desde tu infancia. Tus posibilidades están dentro del rango de tus creencias limitantes, eso es tu posibilidad. Déjame darte un ejemplo claro y rápido: "Si un niño en un accidente automovilístico queda atrapado debajo del automóvil, ¿crees que la madre de este niño puede levantar el coche con sus propios brazos para sacar a su hijo de debajo de este automóvil? ¡La respuesta es sí! Porque la respuesta es sí, porque esta madre se quitó todas sus limitantes y se abrió a la posibilidad a levantar el Automóvil y lo logro".

La posibilidad no es algo extraordinario, cualquier cosa es una posibilidad, se trata únicamente de tu imaginación, o de tus pensamientos, porque a través de tus pensamientos te abres o te cierres a las posibilidades. Es muy simple. Existe un dicho que dice: "Tú no puedes". Bueno, realmente quieres aprender, esta persona que te dice eso no está hablando de ti, está hablando de ella misma, porque esta persona no puede decir que si tú puedes o que no puedes. Pero en tu inconsciente queda grabado que no puedes, y eso es lo malo, por eso alrededor de 97% de la humanidad no avanzan tanto en sus vidas. ¿En qué porcentaje quieres estar tu?

La posibilidad es cualquier cosa, todo es una posibilidad. La posibilidad empezó antes de que nacieras tú, desde antes empezaron tus posibilidades y eso nada que ver de ti, como escribí, eso sí tiene que ver con tus padres y con tu entorno. No es bueno y tampoco es malo. Te programaron desde tu infancia, desde los pensamientos de tus papas. Cuando naciste todo el mundo se encargó de ti y a tus posibilidades. ¿Te sobre protegieron y te quitaron la posibilidad a experimentar? Cuando fue la primera vez que te dijeron que tú no puedes hacer eso que tu querías hacer, ¿Abandonaste esta posibilidad? No es un mito es la realidad. Nunca digas a una persona que no puede, porque si lo haces pueden ocurrir dos cosas en este momento, la persona abandona la posibilidad o la persona va a decir claro que si puedo. ¿De cuál de las dos personas eres parte? Piénsalo, cuando te dicen que tú no puedes ¿lo aceptas?, o lo ignoras y lo haces en todas formas. Es muy fácil abandonar la posibilidad. Las posibilidades también son sueños, ¿Cuántos sueños abandonaste en tu vida? Ya ves, este tema es tan interesante y tan profundo que ni te imaginas. ¿Ahorita te queda claro que es una posibilidad?

Para recapitular, una posibilidad es absolutamente todo, tú decides a cuáles posibilidades te abres y a cuáles te cierras. La posibilidad en tu infancia era subir al árbol, a la bicicleta, a jugar, a aprender, a ser una persona brillante y miles o millones de cosas de más. ¿Cuántas posibilidades realizaste tú? Tu primer novi@ era una posibilidad. Te daría miedo en hablarle para conquistarl@. Que estudiaste, estudiaste lo que a ti te mencionaron que sería bueno para ti, o estudiaste lo que tu realmente querías estudiar para abrirte a todas las posibilidades que te llegan en tu camino. Cuantos seres humanos creyeron en ellos y crearon posibilidades tremendas, y si, existen muchísimos ejemplos de ellos. Por ejemplo, Steve Jobs, su visión era tremenda, muy amplia, su legado revoluciono al mundo. Ahorita imagínate que Steve Jobs se cerró a la posibilidad y no siguió a su sueño. No tenemos Apple Computers, no hay Ipods, Celulares Táctiles, Pads, Audífonos Inalámbricos etc. No es tremendo que cuando una persona Si sigue su sueño realmente puede cambiar todo el mundo. ¿Cuáles son tus posibilidades?, ¿a cuáles posibilidades te cerraste en algún momento de tu vida? Piénsalo, la respuesta está dentro de ti.

Tampoco vamos al camino de lamentar, estamos únicamente reflexionando cuales son las posibilidades. La gran o mayor posibilidad en tu vida eres tú junto con tus pensamientos. Puedes tener una vida impresionante, rica, de belleza con todo lo que tú te puedas imaginar, eso sí está dentro de tus posibilidades si tú quieres tenerlas. Por otro lado, también puedes decirte a ti mismo, yo no quiero tanto, como estoy, estoy bien. Eso si es pensamiento de pobreza, aceptación, de mediocridad. Muy profundo, dentro de ti, si tú tienes estos deseos a tener estas posibilidades los que tú quieres, a realizarlas, a estar mejor y vivir lo que tu realmente quieres vivir. ¿Quién te frena?, tú mismo, ¿no es tremendo?

Crear la posibilidad

Como anteriormente te he explicado un poco que son las posibilidades, ahorita hay ver como se crean las posibilidades. Las posibilidades las creas tú mismo con tus pensamientos, y perdónenme todas los Mujeres, como soy Hombre voy a dar ejemplos de hombres, pero si también ustedes del otro género pueden imaginarse la situación perfectamente.

Eres soltero desde hace tiempo, despertando en las mañanas ya con poco gusto, es medio triste cada mañana y te llegan de repente las ganas en tener a alguien en tu vida, a alguien que te de alegría, que te quite esta tristeza en las mañanas cuando tu despiertas solo y en la noche te acuestas solo, que te regrese el Sol a tu vida y te hace brillar y te quita este parte opaco de ti. ¿Pero ahorita qué? Creaste con tus pensamientos el inicio de la posibilidad.

Que requieres ahorita, requieres moldear esta posibilidad. ¿Como quieres que sea tu próxima pareja? Suéñala, es una mujer exitosa de negocios, claro en sus pensamientos y deseos, una mujer rubia con un cuerpo fenomenal, que a los otros hombres sale el deseo en tener también a esta mujer. Una mujer con carácter, con deseos, sueños y valores. Como quieres que sea esta mujer, una mujer fiel y respetuosa, educada y con honores y humildades, alegre de su vida. Como quieres que tu próxima mujer sea, piénsalo, porque el Universo se encarga a tus pensamientos y te van a llegar las posibilidades. Requieres empezar a vibrar tus pensamientos. ¿Como es eso de vibrar tus pensamientos?

Vibrar tus pensamientos es simplemente, que lo piensas tan intenso que la piel se te hace de gallina, que sea tan fuerte que casi ya es real o si hasta que sientas que si lo lograste. Estos tipos de los pensamientos se llaman la "Ley de atracción". Te puedo garantizar que si funciona. Lo único que requieres es no pensar, ahorita pensaste y vibraste y en el día de mañana te toca la mujer de tu vida a la puerta y te dice aquí estoy. Eso no va a pasar, o bueno si puede pasar, pero la posibilidad no es tan amplia.

Después de pensar y vibrar tus deseos, sigues en eso, no lo sueltes en tus pensamientos y deseos. Y mejor, ponle imágenes en todos lados, como en el escritorio de tu computadora, en tu celular, como un Collage en un muro de tu casa o departamento para que lo veas diariamente y nunca abandones tu sueño o tu posibilidad.

En algún momento te encuentres caminando en el Centro de tu ciudad, quieres ver otra cosa, salirte de tu casa a divertirte porque es fin de semana y es triste estar solito en tu casa o en tu departamento. Caminas ahí en el Centro, ves los negocios, de la ropa tan bonita y de la Moda de la temporada y de repente, dentro del negocio estas observando a la mujer que tu deseaste en tus sueños, con el cabello largo, que se mueve tan elegante observando ella la ropa de mujeres. ¿Ahorita es tu momento que vas hacer tú? Te abres a la posibilidad y entras en este negocio y empiezas a hablar a esta mujer de tu sueño, o empiezas a tener miedo y tu inconsciente te cierra esta posibilidad, porque, tu inconsciente te va a decir: "Esta mujer no es para ti, es muy fina y muy elegante, ella requiere mucho dinero, tú no tienes tanto dinero para que ella esta felizmente contigo", y así un sin fin de tus pensamientos. ¿Es verdad, estuviste en algún momento en alguna situación así? Todos estuvimos en algún momento en una situación así, pero déjame decirte, los valientes si entran y le hablan para conquistarla. Existen solo dos posibilidades, "Si o No", no existe más, son las únicas dos posibilidades reales. Alegras a esta mujer o simplemente te rechaza por diferentes razones. En el caso de que, si te rechaza, no abrazas tu sueño o no te cierras a la posibilidad, siempre hay muchas y no es por decir que es la primera posibilidad si no que es la indicada. Eso si lo sabes después. Pero nunca te cierres a la posibilidad.

Todo el tiempo estas interiormente en una batalla entre tu Inconsciente y tu corazón. Es como el Ying y el Yang, algo similar. El corazón es la parte blanca y tu Inconsciente es la parte negra. No quiero, te esta boicoteando todo el tiempo, no lo hagas, no lo intentes etc. P.p.

¿Quieres saber por qué? Tu Inconsciente no quiere salir de tu zona de confort, te quiere proteger para que no te pase nada, posibles dolores, tus sentimientos al rechazo y para que después no te sientas mal. Es un tremendo protector, ahí está toda tú vida grabada en imágenes. Cada imagen es un recordatorio. Tu Inconsciente te presenta para cada situación imágenes para protegerte, imágenes no negativas, pero si imágenes de situaciones similares de cuando no lo lograste, cuando te rechazaron, recordatorios no tan agradables.

Requieres cambiar estos tipos de imágenes, y sabes que, a través de la Programación Neurolingüística si puedes cambiarlas. Puedes cambiar absolutamente todo, es fenomenal. Imagínate que ahorita puedes tener imágenes tan positivas, tan alegres, imágenes con las que si realizaste la posibilidad, como te vas a sentir antes de todo, ¿te vas a sentir como que tu si puedes lograr todo? Con este sentir requieres acercarte a todas tus posibilidades, sentir que si lo lograste, que si lo tienes, requieres sentir como se siente la posibilidad, como vibra y como huele, que colores tiene esta posibilidad, en qué momento te encuentras y donde te encuentras, es día o es noche, donde lo lograste, velo como si es real, es el momento esencial en que ya lo sientes con todos los sentidos de tu cuerpo y lo vibras tanto, todo eso mandas al universo en este momento.

Así se crean las posibilidades en tu vida. Te puede garantizar, a mí me han funcionado tantas veces en mi vida. En mi vida hasta este momento he llevado tres negocios totalmente diferentes el uno al otro hasta la cima del éxito. Pero sabes el porqué, porque desde antes que inicié estos tres negocios lo he vibrado totalmente, tenía todas las imágenes en mi cabeza como va a ser y todo era espectacular, así fue que resultó. Requieres tener la fe, la fe en no abandonar tu sueño o la posibilidad. No te va a llegar solita, se requiere todo tu esfuerzo para que, se realice y la mala noticia es, nadie te puede decirte cuando y como se va a realizar. Pero al final no pierdas la fe, es lo más importante. Tu sigue vibrando y soñando en tu posibilidad y tus sueños y dite a ti mismo que si lo vas a tener y lograr pase lo que pase y cueste lo que cueste. Eso con toda la mentalidad de un ganador. No te importa nada en absoluto, lo único importante es tu entorno y tus posibilidades.

Tú de todas formas tienes todas las posibilidades, requieres imaginarlas. Cada ser humano lo tiene, nacimos ricos todos, pero en nuestra infancia nos quitaron esta riqueza y no es por hacernos sentir mal a nadie o algo así, no. Nadie lo sabía, por decirle "tú no puedes" lo vas a afectar a la otra persona, porque se grabó de inmediato en tu Inconsciente, si quieres o no quieres, cada momento se queda grabada, los positivos y los negativos. Lo bueno es, se puede modificar, absolutamente todo. Ahorita imagínate que tu posibilidad también es un negocio, realizar este sueño que siempre o a lo mínimo desde hace tiempo tienes. Siéntelo, aprende a amarlo, velo desde fuera y observa como tu dentro de este negocio lo estas manejando. Tienes Empleados ahí dentro o lo manejas solito este negocio, está en un Edificio, en una Oficina o en la calle como un puesto, como esta este negocio. ¿Como esta tu deseo para realizarlo o quieres que esta posibilidad no se realiza?

Veamos, por otro ejemplo, desde Joven yo siempre quería un Automóvil Cabriolé, de estos bonitos los cuales manejar en estas noches suaves coloridas con estas luces hermosas, así siempre lo quería. Y cuando yo estuve en mi tercer negocio aquí en Guadalajara en México un día me dije, quiere un BMW. Tenía esta sensación porque en este momento tenía un Porsche, pero con daños en la caja. Como tenía edad el Automóvil pensé, bueno, arreglar no es barato, me compra otro. Así nació el sueño de tener este BMW. También requiere mencionar que desde antes tuve tres BMW y nunca me han dejado, bueno, es otra cosa. Pero el sueño ya estaba y le empecé a dar forma. El mismo día empecé a hacer unas búsquedas en el Internet y vi un BMW 330 CI, wow, un Cabriolé de la Agencia. Estaba impecable en las fotos, los asientos de piel, todo deportivo, un coche que me dijo es es el mío. Que haces en este momento, te abres a la posibilidad y que hice. Tenía dinero en Efectivo en la oficina, saco el dinero en efectivo me subí a mi coche y me fui a la agencia. Ahí estaba a fuera estacionado, y cuando lo vi mi corazón me dijo, este coche es el mío. Me Salí de mi Porsche me acerqué e hice una primera revisión. Después de un momento llegó el vendedor y me dió toda la facilidad para sentarme dentro hasta dar una vuelta en él. Sentarte dentro del coche que tú quieres es lo máximo, esta sensación, que sientes, que hueles, el color, los asientos como se sienten, todo el momento es como magia, pero es parte de. Dejé el enganche y no me tardé ni dos semanas y lo tenía en mi casa. Así pueden pasar las cosas cuando te abres a las posibilidades y aparte cuando lo creas en tu en tu cerebro. Recuerdas te conté que lo soñé desde que era joven y que te dije que no sabía como llegaban tus sueños cuando te aferrabas a ellos y no los soltabas, buen, pues así paso aquí.

Walt Disney escribió: "Lo que puedes creer lo puedes crear", no tan exacto pero muy similar. Viví lo mismo, tuve la sensación en abrir la posibilidad como Disney, y lo he creado en mi cerebro desde antes, es la parte más importante. Todo empieza en el cerebro. También déjame decirte, es otra cosa que no es así de fácil para entender, si tú quieres crear alguna posibilidad, no hablas tanto sobre ella, no tanto con personas que no están en la misma vibración como tú.

¿Como esta este asunto de las vibraciones?

Cada ser vivo está vibrando en una frecuencia. Atraes a personas que vibran casi en la misma frecuencia como tú. Puedes vibrar muy bajo o bajo, te rodeas con puras personas que vibran en estas frecuencias, no te va a funcionar, verdad. Requieres vibrar más alto, elevar tu energía y tu frecuencia en que vibras para atraer a personas que están vibrando en estas frecuencias. No vas a ver un círculo de personas exitosas y dentro de este mismo circulo hay personas que buscan su vida, no. Porque no, porque las frecuencias de nosotros no es la misma y si no crees, hay mucha lectura que te va a decir que sí, es aprobado. Si te rodeas con personas que vibran así de bajo, no te dejan avanzar, se van a reír de ti, hasta te humillan cuando escuchan tus sueños o la posibilidad que quieres realizar. Imagínate que vas a decir a tus amigos que son pintores y fuman Marihuana y tú mismo eres el Encargado de una Línea de Producción en una Manufactura, yo quiero abrir un Banco de Inversiones de acciones de la bolsa. Su primera reacción y es muy humano van a morirse de la risa y no por unos segundos, me imagino por días. Ellos no saben que están haciendo, porque es muy humano, no es algo lo realizas desde tu consciencia en este momento, la mayor parte de la humanidad no es consciente, pero en este momento en que ellos están riendo, te están afectando a ti, a tu sueño o a tu posibilidad y la mayor parte de los humanos abandonan este sueño o esta posibilidad por algo así.

Me crees si te digo que en unos 5 o 6 años después ya tenía este negocio y vendí millones de marcos alemanes de acciones. Requieres sentirlo desde antes, requieres aprender la ley de atracción, es sumamente importante, porque el único límite que existe eres tú mismo. Al momento en que aprendes esta parte, tu vida empieza a cambiar. Requieres trabajar en ti mismo, trabajar en tus creencias limitantes que te programaron desde tu infancia y reprogramas estos eventos para algo más poderoso. ¿Te va a costar? Si claro te va a costar, tiempo, dinero y esfuerzo, porque con la mayoría de las personas llega el momento en el transcurso del aprendizaje que abandonan, simplemente porque pierden la fe en lo quieren y también en ellos mismos.

No importa qué posibilidad estas buscando, haces todo lo que escribí anteriormente también requieres tener fe, fe en ti mismo y en el Universo o en tu creador superior. Si no tienes fe, quien más te lo puede dar. Nosotros como Coaches podemos motivarte, eso sí, pero la fe en ti mismo requieres tenerla tú mismo.

¿Has leído la Biblia en algún momento? Dios, o el creador en que tú crees dijeron que tengas fe. Pero tener fe no significa que te acercas a una iglesia y te sientas ahí dentro y te pones como una víctima diciendo, porque a mí, porque no tengo, porque eso y aquello. Con eso estas vibrando en este momento en la escasez total y nada te va a suceder. Quítate esta posibilidad de tu Inconsciente y de tu Consciente por siempre y el resto de tu vida. Para que las cosas sucedan requieres actuar es muy simple. Pero actuar con un plan. Un plan hablando como un mapa y tú tienes el GPS en la mano.

Tu lengua y los pensamientos

Vamos a hablar un poco sobre el positivismo. ¿Sabes que es o de que se trata? Si, lo sabes qué bueno, puede ser que aprendes ahorita algo nuevo y si no lo sabes, bienvenido a un nuevo capítulo en tu vida.

Absolutamente todo requiere estar positivo. Si tus pensamientos quieren esta posibilidad "x", pero si tus pensamientos son negativos, tu posibilidad se va, por decir, te estas alejando de ella. Requieres todo el tiempo estar positivo no importa también ocurre algo negativo. Si te pasan cosas negativas, busca el sentido positivo en el negativo. ¿Porque es así?, porque, todo pasa por algo en tu vida. Todos los eventos y absolutamente todo lo que está pasando pasa por algo, es un aprendizaje para ti. Te madura, lo vas a empezar a ver muchas cosas diferentes, con otros ojos, con otros sentidos. Todo lo que hablas, no uses un lenguaje pobre, diciendo, por ejemplo: "Yo no puedo tener eso", que va a resultar, tus declaraciones se hacen realidad absoluta y no lo vas a tener, lo declaraste anteriormente, porque tú mismo lo declaraste.

Requieres entender, el Universo no tiene sentido del humor y no sabe que es una broma. Requieres empezar a cuidar tu lengua, porque todo sale a través de tu lengua y de tus pensamientos. Si hablas todo el momento positivo y tu manera de manifestar con la forma de hablar es positivo, las cosas van a empezar a suceder, la vida va a empezar a cambiar, vibras más alto y de paso a paso estas empezando a crear un nuevo futuro para ti. Existen muchas personas que dicen que tu futuro a esta escrito, déjame decirte que no es tanto así. Tu si eres el Rey o la Reina de tu propio futuro eso si tenlo por seguro. Piensa que ahorita mismo te vas a decir, "YO PUEDO" o lo otro que siempre dijiste "NO, ESTA COMPLICADO" o algo similar. Crees que así lo vas a lograr a partir de este momento tu futuro puede cambiar.

Si, todos podemos manipular nuestro futuro. ¿Depende de quién?, De ti. Será buen un momento empezar a hacer práctico. Elimina de tu vocabulario todo lo negativo, ya no lo digas y ni lo piences en negativo, cambia de "No Puedo" por "Claro que Si Puedo", "Lo Hago Porque Me Lo Merezco". En esta manera hay muchas palabras que puedes modificar en tu Inconsciente. Requieres también empezar a controlar tu lado consciente para que empieces a controlar tu lado inconsciente, porque es lo más difícil en controlar tu inconsciente. Desde que yo entendí me ha costado mucho tiempo para poder empezar a controlarlo.

Esos son hábitos que estamos creando en nuestro cerebro para que las cosas empiecen a cambiar. Cada hábito tarda 21 días para que se manifieste como aplicado y tarda todavía 90 días más para que se convierta en un modo automático. Si llegaste a este modo automático vas a notar las cosas que si están empezando a cambiar. No es algo del otro mundo, es algo que muchos otros también escribieron, pero no lo notaste, o simplemente no era tu momento para leer y aprender. Ahorita puede ser que si te preguntas como puedes controlar todo de eso, o puede ser que vas a decir que se te hace muy complicado. Déjame decirte existen maneras en cómo puedes empezar a controlar todo pensamiento que tu no quieres por un pensamiento que tu si quieres.

Te lo pasa aquí un ejercicio de la PNL, de la (Programación Neurolingüística). ¡Es super sencillo y fácil!

En todas las casas tenemos ligas. Este tipo de ligas flexibles. Búscate una de estas ligas, requiere ser del tamaño de un brazalete, que te quede suave. Esta liga te la pones como un brazalete, no importa en tu brazo izquierdo o derecho, en donde tu gustes ahí te lo pones. Ahorita imagínate que estás en la calle pasando por algún lugar y estas viendo algo que te gusta, lo estás viendo en un vidrio de una tienda y te encantó. Si tu inconsciente te va a decir algo negativo, lo jalas la liga y lo sueltes, pero lo jalas lo suficiente. ¿Dolió?, ¿Sí? Bueno, déjame decirte, bienvenido al ejercicio que te va a funcionar por el resto de tu vida.

¿Qué es lo que está pasando con este ejercicio? Explicado en una manera más fácil, a tu cerebro no le gusta el dolor, tu cerebro quiere evitar cualquier dolor. Ahorita imagínate, tu pensaste algo negativo, jalas la liga, lo sueltas y bumm, te dolió. Ese dolor llega de inmediato a tu cerebro y se guarda. Tu cerebro lo va a recordar. Cada vez que pienses negativo jalas la liga. ¿Se escucha chistoso? Si me imagino, pero imagínate tú cuando acabaste con todos tus pensamientos negativos, en donde vas estar? Es un camino de aprendizaje, igual como un entrenamiento, es otra manera en aprender. A veces recomiendo el mismo ejercicio a mis coachees depende de en qué quieran trabajar o cuando estoy viendo que sus pensamientos en la mayor parte no son positivos. Es un apoyo adicional. Que al final si lo haces y lo aplicas, eso es depende totalmente de ti. De que Funciona, si funciona eso si te lo puede garantizar.

La parte buena es, que es un ejercicio muy simple pero con resultados grandes. Podemos modificar muchas cosas que queremos modificar para avanzar en nuestras vidas.

Tu mundo no es igual al mío

¿En algún momento te has preguntado cómo es el mundo de la otra persona?, o ¿Cómo las otras personas ven el mundo?, ¿si...no? Bueno, déjame decirte, el mundo de cada persona es diferente absolutamente. Cada ser humano vive en su propio mundo. Imagínate cuantos billones de mundos tenemos alrededor de nosotros. Es muy simple en entender, déjame llevarte a un momento muy relajado.

Requieres abrirte, a toda tu imaginación y sigues las palabras las que estas leyendo aquí. Te encuentras ahorita de vacaciones en la playa de tus sueños. Es noche y estás sentada en la barra directamente en la playa. Escuchas el mar y las olas, que ambiente tan tranquilo y como a gusto se siente este ambiente. El barkeeper se dirige a ti y te pregunta: "Que te puede ofrecer en esta hermosa noche?", y tu contestas: "Una Piña Colada por favor", el Barkeeper te contesta a sus órdenes y empieza a preparar tu rica Piña Colada. Unos minutos después te sirve tu Piña Colada, ¿Cómo pensaste ahorita es tu Piña Colada?

Déjame decirte, existen millones o billones de escenas diferentes en estos momentos, ninguna escena es igual a la otra. Para que tengas mayor claridad aun, imagínate que tú eres testigo en este momento de un robo de un Banco y los asaltantes son varios. Cuando pasó todo y la Policía te entrevista como testigo, cuantas versiones diferentes escucha la Policía, ¿Piénsalo? Es la cantidad exacta a la cantidad de los Testigos. Ni un Testimonio es igual al otro.

Así de esta manera, felicidades, déjame decirte, bienvenido a tu propio mundo, que es un mundo único. ¿Sabías que el mundo de las mujeres es más colorido del mundo de los hombres, más intenso hasta los colores los ven diferente las mujeres? Así cada ser humano puede modificar o desarrollar el mundo que quiere, es su posibilidad. Ahorita déjame preguntarte, ¿cuál es tu posibilidad? ¿Como te gustaría colorear tu propio mundo, como quieres tu casa, tu familia, tu pareja, tu coche, tu trabajo o negocio, tus viajes, como los quieres, como te gustaría tener todo?, ¿es una posibilidad o no?

Empieza a generar todas tus posibilidades en tu mundo. No te va a funcionar escuchar a otros, por eso te escribí estas líneas en este capítulo y ojalá con mis palabras sencillas aprendas que cada mundo es diferente. Existen muchas personas que quieren y les encantan dar consejos, ahorita ve, también por si acaso que eres tú cuando das consejos, son consejos para otros mundos, no de tu mundo. Puedes escucharlos, ¿sí?, requieres analizarlos si claro, y quieres ver si lo tomas en cuenta o no lo tomas en cuenta. Evalúalo como si te acerca a llevarte a tu posibilidad o te aleja de tu posibilidad. Es muy fácil y sencillo, así puedes empezar a evaluar. En todo momento también requieres ser una persona crítica, no es por decir a todo el mundo vas a empezar a criticar, no.

Lo que tu veas y lo escuchas, se una persona crítica, piénsalo, ¿es verdad? ¿Por qué?, ¿Cómo cada Persona vive en su propio mundo?, también cada persona tiene su propia verdad.

Cada verdad es otra posibilidad

En cuando las personas te dicen: "Eso es verdad", estas personas te están hablando de sus verdades, no de la tuya. Nadie puede decir que es tu verdad, porque cada verdad es diferente. Entonces, no me digas, eso es verdad.

Acepta la verdad de la otra persona, pero también invita a la otra persona en aceptar la tuya y con eso estamos casi llegando al razonamiento. Cada verdad es como en el capítulo anterior, cada mundo es diferente, así cada verdad también es diferente, y en el momento las personas dicen, eso sí es verdad, ¿de qué verdad están hablando? Es muy complejo esta parte, pero se requiere entender. Cada verdad crea una posibilidad, igual como cada mentira también crea una, pero una posibilidad negativa y eso no te va a funcionar. Vamos a quedarnos un poco más por el lado crítico, (no de criticar). No vamos a criticar a nadie nunca. Seremos observadores y la verdad esto es una gran parte, es la parte con que puedes empezar a entender a la otra persona, puedes empezar a entender en que mundo vive y cuáles son sus verdades, ¿son idénticos con las tuyas?

La siguiente pregunta sería, ¿Cuándo no se hacen Match tu y la otra persona, cual es la posibilidad que se abre en este momento?, tienes la posibilidad de entender a la otra persona o a decir que esta persona no me va a funcionar en mi vida. Siempre existen muchas posibilidades y tú mismo puedes generar muchas posibilidades en tu vida y en todo el camino que estas caminando. Entender varias cosas de mundos y verdades diferentes que te hace entender más fácil como estamos entre los seres humanos, te hace entender a donde quieres dirigirte, con quien sí y con quien no. Quien te puede funcionar en tu vida y quien no. Quien te esta jalando tus patas hacia abajo y quien te está empujando hacia arriba. Por eso requieres estar crítico (Observador) para que entiendas y aprendas con quien vas estar y con quien no.

En mi propia verdad, estoy buscando siempre a personas que me apoyan en mi crecimiento, no digo que estes usando a las personas, no para nada. Estas buscando a las personas que te hagan crecer, que te crean un enriquecimiento en tu vida y también que ellos crezcan a través de ti. Es un apoyo mutuo y así de esta manera te abren muchísimas posibilidades. Eso es mi punto de vista y mi propia verdad. ¿Cuál es la tuya?

Siempre requieres en tu vida hablarte a ti mismo con la verdad, pero con la real como es sin contártela más bonita

¿sabes por qué? Para empezar, como he mencionado anteriormente, tu cerebro te quiere cuidar en todas las conversaciones interiores que tienes día a día, así funciona tu propio cerebro, entonces tu nivel de consciencia si sabe cuál es la verdad y cuando te cuenta más bonito tu inconsciente para manipular la situación o para no crear dolores. Si tu estas dispuesto en escuchar a tu lado consciente con toda la verdad estoy seguro que se te abren nuevas posibilidades. Puedes accionar o reaccionar es una manera muy distinta, aunque tu inconsciente te sigue boicoteando no importa. Si tu sigues el camino de la verdad por el lado consciente se te van a abrir nuevas posibilidades.

Te lo voy a explicar un poco mejor aún. Para mí en lo personal, como soy Coach, cuando la persona empieza a hablar y me dice: "Es que...", se me paran los pelos, me corre toda la electricidad en el cuerpo, porque, voy a escuchar el cuento de la víctima. *Es que el camión, cuando llegue a la parada, cerró las puertas y no me dejó subir. Por eso llegué tarde a mi trabajo.* Ahorita déjame reflexionar, de este corto cuento, ¿Cuáles posibilidades se abren a esta persona? Se abre la posibilidad en llegar tarde a su trabajo, el riesgo que lo regañan y llaman la atención, o correr el riesgo que lo despidan, y así puede mencionar aún más.

Que puedes hacer diferente en este mismo momento para que se abran otras posibilidades, por ejemplo, si te levantas unos cinco minutos más temprano cual es la probabilidad en llegar temprano a la parada del camión y te subes y llegas unos minutos más temprano a tu trabajo. ¿Cuáles posibilidades se te abren en este momento? Estas ahorita entendiendo mejor como se crean las posibilidades en tu vida. En esta misma manera puede seguir ahorita hablando mucho.

Te doy otro ejemplo, son ejemplos muy comunes de la vida, pero se abren siempre posibilidades diferentes, positivas o negativas, eso siempre depende de ti. Pero para que entiendas mejor te doy otro ejemplo.

Regresas después de un largo día de trabajo a tu casa, entras a tu casa y te recibe tu esposa bien enojada porque hoy es el día del cumpleaños de su mejor amiga y es el día de la fiesta. Te recibe con una gran discusión porque tu pareja está muy enojada y te está culpando por llegar otra vez tarde a la fiesta y se abrió el debate. Wow, tenemos tantas situaciones diferentes en una sola frase, que impresionante no, ¿se lee divertido? Déjame decirte que estas situaciones son las más comunes a menudo del día. Tenemos aquí el conflicto de dos verdades diferentes, razonamientos distintos y diferentes posibilidades.

Vamos a desenredar un poco esta frase y profundizar la situación. Básicamente se abren en esta situación dos posibilidades, claro, una negativa y otra positiva. Lo más que puedes explicar a tu pareja el porqué, no llegas a la nada, ni quiere escuchar el porqué, está cerrada, esta enojada. ¿Cuál es la posibilidad positiva que se abre en este momento? Al inicio hacerte responsable, si claro la regaste bien feo ¿y como sales de la situación?, acéptalo y pide perdón desde un inicio, no existe ni una manera para discutirlo. En el segundo paso resuelve la situación como un gran Líder, mide al instante las posibilidades para tranquilizar a tu pareja y para llegar lo más rápido posible. En esta manera te haces responsable y creas una vuelta a la historia para convertir la parte negativa a una solución positiva.

Para el lado de los negocios te puedo contar la misma historia no por el lado de una pareja, ahorita por el lado de un cliente y su mercancía. También ahí en esta situación se abren dos posibilidades, la negativa de tener un cliente enojado y con el riesgo en perderlo o en resolver la situación con un final positivo. Sabemos que no era el momento adecuado y para nada deben pasar estos momentos, pero si suelen pasar porque somos seres humanos no somos máquinas.

Entiendes que en cada situación te abre varias posibilidades. Si abres más el lado consciente y lo detectas o desarrollas más tus sentidos, como tu vida puede cambiar, ¿no es impresionante? Nunca te cierres a las posibilidades, siempre hay que estar abierto a las posibilidades. Bueno, si claro se requieren medir al momento si son buenos para ti, no tan buenos o si son malas.

La posibilidad de ganar-ganar, de perder-ganar, de ganar-perder o de perder-perder

¿Cuál de estas cuatro posibilidades te gustan más, honestamente? Ahorita que tal si te digo que cada una es buena, porque, cada posibilidad te lleva a otra, es una cadena sin fin. Te deja aquí otro ejemplo:

Que tal te encuentres en tu negocio en una situación o un conflicto porque no cumpliste tu promesa a tu cliente y este mismo cliente ahorita te exige una solución porque simplemente no cumpliste el trato. ¿Cuáles posibilidades se abren ahorita? Desde antes déjame decirte, las cuatro posibilidades siempre son buenas. Nosotros como Coaches y conocemos a muchos otros estamos en el juego de ganar-ganar, es siempre la mejor forma que ambas partes ganan. Por otro lado, tampoco es mal en perder, por supuesto que no es mal perder, ¿y ahorita te preguntas porque no es mal perder? Te explica, perder en una situación te va hacer ganar en otra situación, así es la vida. Si tú te quedas positivo cuando pierdes, te abres de inmediato a la posibilidad de ganar nuevamente. Si pierdes por ejemplo con un cliente solo para satisfacer a tu cliente, que crees que puede pasar con tu cliente, ¿lo vas a fidelizar?

Imagínate ahorita, estas en tu trabajo y tu Jefe inmediato te pide por urgencia que te quedes toda la noche porque se requiere resolver un gran problema. Tienes dos posibilidades en este momento, puedes decir que no muchas gracias porque eso no es tu problema, lo haces perder a tu jefe inmediato y tu ganaste por tu tiempo libre, ¿es ventaja? La segunda opción sería, decir si claro y si claro con todo tu gusto sin temores y te quedas, ¿Qué posibilidad se te abre? Pierdes tu y gana tu jefe inmediato, eso sí, perdiste tiempo de calidad con tu familia etc. Pp. Pero al final si ganaste, cuando pides algún favor a tu Jefe inmediato, porque requieres salir algún día más temprano, o lo que sea cosa que tu requieres, estoy seguro puedes hablar con él. Es muy profundo el tema de las ganancias y pérdidas porque es nuestro diario, cada día estamos ganando y perdiendo algo, pero no importa, es la vida, en la vida se gana y se pierde, es algo muy común.

También pueden perder ambos, y te doy un ejemplo en cuando ambos pierden, en los divorcios. ¿Has visto un divorcio, cualquiera, en cual no pierden ambos?

¡Como me gusto este tema para explicártelo! En el caso del divorcio más amable y con todos los acuerdos, en todas formas ambos pierden y ahorita con tu nivel de consciencia te preguntas: "Pero en cuando ambos se divorcian y se dividen muy amable las cosas y llegan a los mejores acuerdos porque pierden?"

Se pierden para empezar la pareja. ¿No se amaron desde el inicio, por eso se casaron o no? Que hicieron para que este amor sigue tan brillante en todo el camino por el resto de su vida, déjame decirte: "Nada". Por eso se están divorciando y perdiendo ambos. No estaban dispuestos a perder desde antes para que la otra persona gana y mínimo gana su razón. A ti que te importa en una discusión ganas o pierdes, si gana tu pareja y está feliz, tu también ganas. Si gana tu cliente y está feliz tú también ganas. Hay que estar dispuesto a perder porque después tú ganancia es mucho mayor. Que ganas a través de un cliente feliz, a través de una pareja feliz, a través de una familia feliz, de hijos felices, mucho. Eso no significa que te conviertes a un perdedor, no. Eso te convierte en una persona humilde, sabia, fina, que resuelve las cosas con una elegancia increíble. ¿Qué posibilidades se abren, vas a estar encima de tus posibilidades?

También existen momentos cuando tu ganas y otros pierden, es algo normal también, es parte del círculo de la vida, la vida te cobra y la vida te dar, es muy normal. Mientras tú en lo personal te quedas en el ganar-ganar estas siempre en el mejor lado. Hay que buscar la manera para que ambas partes ganan. Ser egoísta no te lleva a nada y siempre llega el momento cuando los egoístas también pagan sus platos rotos, siempre eso solo es cuestión de tiempo. Ser honesto y humilde te lleva a otras esferas. No siempre quieres ganar, imagínate cuando tu vecino tiene un problema que tú puedes resolver, pero se requiere tiempo y esfuerzo, pierdes tiempo y esfuerzo, pero al final que si lo apoyas ganas, es muy simple. Es la ley de la atracción, vamos siempre a lo mismo, si lo aprendes, tu vida cambiara. Tampoco esperes algo a cambio, porque si haces las cosas con la idea de que tú quieres también un favor, mejor no lo hagas, porque no es la mejor idea. No hagas sentir mal a las personas, cuando tu empieces a cobrar tus favores, no es el camino adecuado. Como te gustaría vivir a ti, en una vida consciente, honesta, con mucha amor, pasión y con una pareja, con que quieres morir a su lado en tu o su último aliento, en una vida de apoyo mutuo cuesta lo que cuesta, ganar-ganar, perder-ganar, ganar-perder, o perder-perder, que importa al final, hay que aceptarlo o crear la posibilidad más positiva que se puede crear bajo cada circunstancia.

La vida te abre en cada momento una nueva posibilidad, ganas o pierdes es siempre tu decisión.

Si tomas la decisión correcta llega el momento cuando ganas bajo la decisión que tomaste. A veces puede ser no de inmediato, puede ser a corto, a mediano hasta a largo plazo. Pero si te abres a la posibilidad de siempre ganar, por ejemplo, ¿tu razón, que ganaste al final? Ganaste un debate, una discusión tremenda, una pareja enojada, tu desempleo, un cliente menos y otras posibilidades negativas. Elige una manera correcta, elige positivo, piensa positivo y ten fe en tus decisiones para que el Universo te lleve por encima de tus posibilidades. Imagínate como tu vida cambiaría en este momento que tú te abres a estas posibilidades y puedes estar encima de ellas. Requieres aprender a abrirte a cualquier posibilidad. Tienes siempre el momento para medir, para tomar una decisión. Pero cuando estas cerrado a posibilidades se te pueden cerrar nuevas puertas o puertas distintas en tu vida y a partir de este momento empiezas a perder. No es para lamentar, también es parte buena, porque a través de cada decisión aprendes, también en este momento no eres bueno para tomar decisiones aprendes. Por otro lado, si no sabes tomar una decisión, que se te hace difícil, que tanto lo piensas, si piensas de más, la posibilidad ya se fue. Requieres aprender que la vida no te espera, son decisiones en frecuencias de milisegundos, aprende a tomar decisiones. Y en caso que si sabes tomar decisiones, que bueno, entonces ya sabes que a través de cada decisión aprendiste algo y cada decisión te hace aún más sabio, porque si tomaste una decisión mala, está bien y sabes porque, tomaste la decisión y te abriste a la posibilidad. Existen todavía muchos seres humanos, pero muchísimos que piensan mucho en tomar una decisión, hasta que ya no pueden dormir. ¿Como te parece este último, te parece bien, o te da alguna sensación que no te gusta?

El perdón te abre nuevas posibilidades

¿Cuándo fue la última vez que pediste perdón a alguien, tiene tiempo, o peor, eres de este grupo que nunca pide perdón, o te facilita pedir perdón porque ya lo haces con una alta frecuencia?

Déjame decir, para que puedes pedir el perdón a alguien cuando fallaste en algo, claro. Si pides perdón con una frecuencia alta, déjame preguntarte: "Cuando empieza el momento para ti en cambiar algo en tú vida para no pedir perdón con una frecuencia tan alta", parece ser crónico.

Pero sabes que es lo más importante, lo más importante es aprender a perdonar a la gente, ¿Y sabes por qué? Porque este perdón no es para la gente, este perdón es para ti, es para tu alma, es para tu Ser, para que te quedes en paz contigo mismo, para tu tranquilidad en total. Perdona a las personas que te hicieron algo, no importa que paso o la gravedad, perdonar es para ti. La otra persona requiere vivir con la parte suya, pero con el perdón tú te aliviaste de esta sensación interna y cuando perdonas honestamente se desaparece de tu vida y te abren otra vez nuevas posibilidades. Imagínate vivir con este rencor dentro de ti, con este enojo que todo el tiempo estás pensando, ni quieres ver a la otra persona nunca jamás. Pero cuando perdonas, y míralo, no estoy diciendo lo haces de frente a frente, no, existen muchas maneras para dar el perdón. Si claro es una persona cerca de ti, un familiar, tu pareja, tus hijos o un amigo o simplemente un compañero de trabajo, siempre es la mejor manera en pararte en frente y decir que lo perdonas, no esperes que esta persona te pida el perdón. Imagínate hacia donde puedes llevar esta relación, es increíble. Ahorita imagínate cuantas posibilidades se abren, tampoco es para que te pega en tu Ego, claro que no, lo requieres ver como un acto totalmente humilde desde tu corazón, con toda la honestidad, wow, ¿hacia dónde te llevan estos actos, cuales posibilidades se abren?

Estas dispuesto tu a perdonar por ambos sentidos, perdonar cuando tú la regaste y también a perdonar cuando otros te fallaron o te hicieron daño, ¿estás dispuesto? Si estás dispuesto, super bien, empieza a perdonar, es una cosa maravillosa, te limpias interiormente, no llevas estos pensamientos dentro de ti que se convierte en una carga con una bolsa enorme llena de culpas. Cuanto pesa esta bolsa arriba de ti o dentro de tus pensamientos, ¿Todavía se encuentra ligera? Si es así, porque no empiezas desde antes en perdonar, mientras esta bolsa es muy ligera mucho más fácil es perdonar.

Requieres entender el perdón te resuelve muchas cosas en tu vida, es un enorme gesto y habla bien de ti y al final te sientes bien contigo mismo porque de eso se trata la vida, de sentirte feliz, pleno, agradable con la vida, con tu pareja, tu familia y todo el resto del mundo. Que te quita caminar con una sonrisa en la calle, con la cabeza arriba, firme, sin temores, como se siente caminar a fuera de tu casa en la ciudad donde tu vives, así de pleno, sin culpas, sin platos rotos, sin promesas rotas. Déjame decirte, se siente como si tuvieras alas, como si fuera el momento de volar, cada paso es muy ligero porque el peso que tienes arriba de ti ya lo quitaste, totalmente libre de preocupaciones, malos sentimientos por algo que hiciste a otros o que a ti te hicieron. En cada paso te sientes bien conectada con tu vida y lo disfrutas al máximo, tu vida, la naturaleza, el entorno en tu vida, lo disfrutas totalmente diferente.

No es fácil no, cualquier inicio es difícil, pero empezando a perdonar y pedir perdón te lleva a otros niveles de consciencia y te abre nuevas posibilidades y nuevos caminos en tu vida. La vida te reta en cada momento y en cada situación, la vida no te espera para nada, las posibilidades vienen y se van igual como avanza el reloj...tik tak tik tak tik tak

Depende de ti y únicamente de ti que empieces a cambiar tu vida a partir de este momento. Si no te puedes parar en frente de la persona, empieza con una llamada y si eso te pide mucho esfuerzo, escribe una carta, pero esfuérzate, entre más te cuesta, mejor te vas a sentir. Entonces para liberarte de esta grande bolsa, empieza a actuar, en tomar todas tus fuerzas y empieza honestamente a pedir el perdón.

El perdón es siempre la mejor solución de un conflicto entre dos seres humanos, con el perdón te lleva a la aceptación y te abre a nuevas posibilidades. ¿A dónde te lleva cuando no pides el perdón? Muy probable es que pierdes a la persona porque esta persona está indignada y ya no quiere saber nada de ti, eso es una posibilidad, o ya se ha alejado totalmente de tu vida, eso es otra posibilidad. Pero con tu esfuerzo puedes arreglar todas estas cosas y te lleva a muchas nuevas posibilidades.

En caso de que todavía no te he llegado con mis palabras para pedir el perdón, que te impide todavía para hacerlo, ¿es por tu ego? Porque déjame decirte, es la causa casi más grande entre los seres humanos que no deja pedir el perdón, tu ego no te lo permite y no importa cuantas veces te señala tu lado consciente, tu ego no te deja hacerlo. Es muy feo esta situación, porque, déjame decirte que las personas con el ego tan elevado o que se sienten no quieren bajar su ego están en mal camino. Es lo primero que debes de dejar a un lado, porque tu ego te quita todo lo bueno que traes dentro de ti, tu ego es la parte obscura del Ying y Yang, es la parte te quita también tu humildad, tu ego es solo una máscara que pones en frente de ti para protegerte, pero de que requieres protegerte, ¿quieres protegerte para que las personas no vean tu verdadero Ser, que te pueden lastimar, la parte frágil de ti? Deja tu ego a un lado, porque tu ego como escribí no te lleva la nada en absoluto. Tu ego ni te lleva a una buena posibilidad, porque hasta los malos caminos también te va a cerrar, ¿entonces cuales posibilidades tienes con tu ego elevado? Has pensado en algún momento, hasta este momento, aquí y ahora, se están abriendo tus ojos un poco más, pedir el perdón a una persona requiere tu desnudés, no literal, pero casi casi, si lo pides con toda la honestidad, porque este acto te califica como un ser humano humilde y abierto a nuevas posibilidades. Llevas el rencor, bueno, también es decisión y posibilidad tuya, pero déjame también en este momento decirte, las posibilidades son mínimas.

El por qué y para qué

El "por qué" y el "para qué" te lleva a otras esferas. Si te preguntas: "Esta posibilidad por qué, o para qué" te puede dar otro sentido en este momento, hasta puede ser se te abren caminos inesperados. Empieza a preguntarte más frecuente el por qué y el para que de las cosas, busca el sentido de lo que te "sucede" y si encontraste algún sentido que bueno. Imagínate tu crecimiento si encuentras en las posibilidades los sentidos, ya sean positivo y también la parte negativa, puedes crecer impresionante. Si lo aplicas y ves con ojos diferentes que posibilidad se abre. Por ejemplo, te encuentras en las redes sociales y de repente te llega un anuncio para algún curso de aprendizaje, claro algo que siempre querías, sabes, y en este momento te llama la atención y tu dedo en la pantalla de tu celular se para por un momento. Sabes que son estos precisos momentos, son momentos, señales, se abrió el canal de la consciencia, pasando al subconsciente y entrando en la comunicación con el inconsciente. Es un momento mágico, disfruta este momento y pregúntate: "¿Porque me llegó este anuncio, para que me puede funcionar?", seguramente es algo de tu interés porque las redes sociales ya te conocen y saben de tus intereses. Pero si empiezas a reflexionar y te abres a la posibilidad, porque este curso que desde hace tiempo querías tomar porque este curso te hace más sabio, por el lado laboral y si tomas este curso es más seguro que puedas ascender en el trabajo, o también por tu negocio, este curso te va a funcionar porque esta tecnología es nueva y solo el conocimiento te hace crecer con tu negocio. Muchas veces has pensado que lo atrajiste con tus pensamientos. Así te llegan las posibilidades, lo que haces tú con ellas eso si es otra cosa. En toda tu vida te llegan posibilidades a diario, lo único que requieres es que abrirte a las posibilidades.

Si te vas a abrir, abrir para crear este hábito de preguntar, el hábito en hacerte preguntas del por qué y el para qué, tú mismo empiezas a crear nuevas posibilidades no es solo que tu detectas posibilidades, no, empiezas a desarrollar nuevas posibilidades tú mismo. Vamos a profundizar todavía un poco más. Imagínate, el albañil de la obra del nuevo edificio, un hombre con la secundaria terminada, aprendió a trabajar como albañil en las obras. Él es casado, con su esposa Lucia y tienes dos hijos, María de 4 añitos y Juan de 6 años. El albañil se llama Oscar. Normalmente, ¿Qué futuro tiene Oscar? ¿Puede ascender o crecer en el negocio de albañil u obrero? Puede ser que muchos dicen que no, porque, por el nivel de sus estudios y sus pocos ingresos viven de día a día. Pero imagínate ahorita, si Oscar tiene bajo nivel de estudios, pero Oscar es inteligente. Oscar tiene visiones y quiere crecer, y así llega el momento en que llegan posibilidades. Llegue las posibilidades que el Arquitecto está notando que Oscar trabaja muy bien y es muy efectivo, así el Arquitecto empieza a platicar con Oscar. A través de estas platicas, como Oscar es un hombre de bajo nivel de estudios pero por otro lado muy educado, sabes conversar en un nivel no obrero, no, Oscar si tiene las capacidades de tener conversaciones de alto nivel. Así el Arquitecto se nota que tipo de albañil es Oscar y se abre la posibilidad para Oscar a ascender para ser el próximo Supervisor de las Obras, porque el conocimiento de Oscar es muy amplio y Oscar si sabe Conversar a un alto nivel porque Oscar es muy educado. Después de varias obras como Supervisor, Oscar ahorro un fondo de dinero y abrió su propio negocio. ¿Como funciono? Oscar ha visto sus posibilidades y ha desarrollado sus conocimientos para tener un mejor desempeño y así se abrieron otras posibilidades para Oscar. Que te quiero decir con esta metáfora, tú mismo tienes todas las posibilidades en tus manos, el límite eres tú mismo, el verdadero límite es tu propio cerebro con tus pensamientos negativos y tu lenguaje la manera como hablas, como conversas y como te articulas. Hay que dar sentido a las situaciones, donde te encuentras,

en ¿Qué situación estás?, porque y para qué. Que puede hacer con esta situación y que nueva situación puedes crear para que las posibilidades cambien, se amplíen o se generen nuevas posibilidades.

Ahorita imagínate a tu tía Christina. Tu tía Christina, una mujer de 74 años divorciada con un hijo ya también muy adulto. Christina esta todo el día en su departamento viendo la Televisión, es lo único que le gusta a Christina. Christina tiene muchas habilidades Artesanales, pero ella prefiere ver la Televisión y aún con mucha ansiedad de las cosas que están pasando en todo el mundo. Las inflaciones, las guerras, el mal estar de las personas y todo esta caro. Es una cadena sin fin, pero a Christina le encanta estar todo el día viendo la Televisión, no se pierde ni una noticia y ve muchos debates. Para que hace Christina eso y porque está sentado todo el día en frente de una Televisión que le crea solo ansiedad y todo el día está pensando que puede hacer. ¿Cuáles posibilidades se abren a Christina? A Christina le gusta profundamente dentro de ella misma que si está acompañada en la vida, pero no le gusta salir porque con sus 74 años se siente ya no es la modelo que era de Jovencita. ¿Pero, realmente cuales posibilidades se abren a Christina?

Christina puede tener las posibilidades que, si es bien informada, pero con esta información que ni sabe en verdad si es cierto o no es cierto no se abren nuevas posibilidades. A Christina también le gusta estar acompañada, pero no sale de su departamento. ¿Se abre la posibilidad en que puede encontrar a un nuevo acompañante? No lo creo, la posibilidad es casi en cero que alguien toca la puerta diciendo aquí estoy. Si existe la posibilidad, pero honestamente es muy bajo. Entonces que requiere Christina, ella requiere crear sus posibilidades, la posibilidad en apagar la Televisión y empezar con sus 74 años a disfrutar la vida, saliendo de su pequeño departamento, porque profundamente queremos vivir todo y disfrutar la vida. Nadie en absoluto tiene el deseo en morirse solito en su departamento en frente de su Televisión, en la misma manera como apagas la luz. Los seres humanos vivimos unidos, somos tribus no somos hechos para vivir el resto de nuestros días solteros encerrados. Es casi lo mismo en que acabas tu vida en una cárcel sin tener la posibilidad en salirte. Christina tiene esta posibilidad, pero no lo usa, porque ella se cierra a la posibilidad en crear cambios en su vida, porque cada persona si tiene la posibilidad en crear estos cambios, y de ahí cualquier cambio que tú quieres en tu vida.

Si tú quieres cambiar algo en tu vida, ábrete a la posibilidad, para lo que quieras, ¿Esta dentro de tus valores lo que tú quieres? ¿Qué tan lejos o cerca estas a la posibilidad deseada? ¿No te hace sentido seguir tu corazón y todos sus deseos que están ahí dentro? Entrena a tu mente a escuchar a tu corazón y sigue escuchando, las indicaciones son muy claras y raras veces existe la posibilidad de una equivocación. Tienes todo el derecho de equivocarte en el camino en la creación de la posibilidad, pero nunca pierdes de la vista. El mundo está lleno de posibilidades, no camines a ciegas, velas y tómalas. El universo las pone en tu camino, si las tomas que bueno, si no las tomas también está bien y no paso nada. Pero para todo recuérdate existe el "por qué y para qué", nunca lo olvides.

Te explico en otras maneras; **Posibilidad** es un término que proviene del latín *possibilĭtas*. El concepto hace referencia a la **potencia**, aptitud u ocasión para **ser o existir** algo, es decir, para que algo suceda.

Por ejemplo: un partido de fútbol tiene tres resultados posibles. Puede ganar el equipo local, ganar el equipo visitante o que se produzca un empate. No existe otra posibilidad. En otras palabras, no es posible que un partido finalice con un resultado que no sea alguno de los tres mencionados.

Si un hombre practica tiro al blanco con un revolver, cada disparo que realiza contempla dos grandes posibilidades: acertar al blanco o errar. Existen otras opciones (que la bala no salga, que el revolver no esté cargado) pero, si el disparo se efectúa, no hay más posibilidades que acertar al blanco o errar.

Lo posible, en definitiva, es **aquello que puede ser o existir**. Se trata de una **potencialidad**. La cuestión de lo posible y del ser es uno de los temas centrales de la filosofía.

Posibilidad en la filosofía

Es importante establecer que dentro del campo de la **filosofía** se hace un uso generalizado de lo que es el término posibilidad. En este caso tenemos que decir que se utiliza como una categoría con la que se viene a expresar los distintos cambios que se pueden generar durante el desarrollo de algo, la materia, y que estarán influenciados por las correspondientes circunstancias en que se realice.

Frente a la posibilidad se encuentra lo que es real, la categoría que, por su parte, se utiliza para expresar todo aquello que existe. Igual, se utiliza para determinar la materialización de la posibilidad.

De esta manera, está claro que posibilidad y realidad son totalmente opuestas, aunque tienen algo en común el que ambas están relacionadas con las leyes de la sociedad y de la naturaleza.

Disponibilidad de opciones

Las posibilidades, cuando hacen referencia a las **opciones**, suelen estar asociadas a la libertad. Cuantas más posibilidades existen, habrá más opciones o alternativas para elegir.

Si una persona desea contratar un servicio de televisión por cable y sólo existe una empresa que opera en su ciudad, no tendrá la posibilidad de elegir. En cambio, si hay una competencia entre cuatro empresas diferentes que ofrecen el servicio, el consumidor podrá optar por el más conveniente de acuerdo a sus necesidades. La multiplicidad de posibilidades favorece la toma de las decisiones correctas.

Expresiones con el término posibilidad

Además de todo lo expuesto no podemos pasar por alto la existencia de una serie de expresiones o locuciones que utilizamos de manera coloquial y que usan el término posibilidad. Así, por un lado, estaría la locución *"una posibilidad entre un millón"*, que se emplea para dejar patente que un hecho en sí es muy difícil que se vaya a producir.

Ejemplo de ello sería la siguiente frase: "Tengo una posibilidad entre un millón de que resulte premiado mi boleto de lotería y gane más de seis millones de euros".

Asimismo, tampoco podemos olvidar la locución verbal *"hacer alguien su posibilidad"*. Se usa para expresar que alguien va a hacer todo lo posible por conseguir algo.

La posibilidad del éxito

Imagínate que esta todo en tus manos, el éxito que tú quieres, que estas buscando desde toda tu vida. Pero déjame preguntarte, ¿Qué es para ti el éxito, que significa? Es para ti tener mucho dinero, ser rico, tener todo lo que tú quieres y lo puedes comprar, etc. Pp. Déjame decirte, el éxito para cada ser humano tiene simplemente otra definición. Comúnmente el éxito se define como te mencione antes, pero en verdad, el éxito es mucho más profundo que eso. Para mí en lo personal el éxito puede ser una nueva relación, personal, laboral o algo similar, es solo un ejemplo como cada ser humano puede definir su éxito. El éxito no siempre es un triunfo en el deporte o en ganar algo, tampoco siempre es visible o medible, eso es para cada ser humano individual.

Para un ser humano puede ser que llegue al final de un Maratón de 500 personas en el lugar 500, puede ser para esta persona es un éxito, porque mientras existen muchos otros que no están en el inicio, entonces es una enorme posibilidad que si llegas y para ti sería un éxito.

Para otra persona puede ser que existe otro ejemplo. Tuviste a una cita con una mujer que has conocido a través del internet y dentro de esta cita en la plática resulta que no es lo que estás buscando y muy amablemente te despides al final, con claridad y toda la humildad deseas mucho éxito para esta persona, lamentablemente no hacen match entre ustedes. Si la persona lo toma con empatía y no se siente mal, que gran éxito para ti, porque, no lo lastimaste y lograste que se abran nuevas oportunidades, ¿no es un éxito para ti? La posibilidad para tener éxito siempre depende de ti. Imagínate el Atleta que gano la medalla de oro en las olimpiadas, o simplemente estar entre los primeros 10, o simplemente ha participado en las olimpiadas, ¿No es un éxito para ti? Esta persona esta entrenándose toda la vida para lograr estar en las Olimpiadas y está tomando todas las posibilidades para que llegar y hace todo lo posible. ¿Qué gran actitud o no?

Te puede preguntar ahorita, ¿Qué estás haciendo tu para llegar a tus Olimpiadas personales, estas participando como Atleta o solo eres espectador y estás viendo como antes están participando? También existe la posibilidad que estas operando como un reportero, solo platicas de lo que está pasando y de lo que tu veas, pero eres totalmente pasivo porque solo estás viendo como otras personas están generando y trabajando en sus posibilidades. ¿Qué requieres hacer tu para que tus posibilidades aumenten y se conviertan a posibilidades tan grandes que puedas estar en un momento en la cima de ellas y todo se convierte en un gran triunfo para ti? ¿Para qué se generan estas posibilidades? Y es porque se generan todas a tu éxito personal, pero requieres estar activo o activa. Recuérdate, las posibilidades vienen y se van y si pierdes el enfoque entonces si se van y requieres empezar otra vez desde cero. Tomar los posibilidades es lo mismo en construir una casa al final, o construir un coche o una máquina. Una pieza lleva a la otra y al final cada pieza es una pieza clave para que tus posibilidades forman algo más grande.

Para que seas exitoso en tu vida laboral, ¿cuál es la posibilidad?, cuando solo tienes la primaria o peor, simplemente no entras a la primaria. ¿Vas a tener una gran negociadora o un gran negociador? Si existe la posibilidad, por el lado del talento, ¿pero no por el lado de saber hacer? En cuales grandes ligas puedes negociar, crees que, si llegas a una empresa de negocios internacionales y te sientas a una mesa de Directivos, esta posibilidad es sumamente baja. Pero si terminas la Universidad y puede ser y aún sigues haciendo una Maestría o hasta un Doctorado, cuales posibilidades se abren en tu vida. Tampoco es para disminuir en ni una manera a los seres humanos que no cuentan con estudios altos, todos somos iguales, pero para eso existen los estudios. Cada uno es el Maestro de su vida y hacia donde quiere llegar cada quien en su vida. Es como una construcción total, el Arquitecto al final eres tú.

¿Como vas a construir tu propiedad y cuales posibilidades vas a generar en tu vida?

En el día de hoy estuve en un Zoom con JT Fox, fue muy interesante conocer a un ser humano super exitoso a nivel mundial. Era muy simple, pero decidido y muy claro en sus posibilidades, viene de abajo, desde cero y al cien, a la cima de todas sus posibilidades. ¿Por qué? ¿Cuál es la diferencia entre él y tú? puedes preguntarte en este momento. No estamos hablando de la suerte, estamos hablando de una visión, de sueños y de trabajar duro en la realización. Hablamos de fracasos, de mucho tiempo invertido, de relaciones y mucho más. ¿Qué estás haciendo tu para que tus posibilidades se aumenten para ser una persona exitosa midiendo para ti en lo personal?

Ahorita me puedes decir, estoy bien. Yo no requiero mucho para vivir. ¿No se escuchó como conformista?, ¿para alguien que no tiene sueños?, ¿no se escucha como de una persona que no sabe lo que quiere y solo está esperando a que las cosas lleguen solas? Imagínate que esta persona eres tú, vives dentro de una gran ciudad en un edificio de departamentos entre tantas personas que no lo conoces, hasta solo a de vez en cuando se saludan. Pero dentro de ti tienes los deseos de vivir en la Naturaleza dentro de un bosque, porque te gusta el olor de la naturaleza, cuando hay lluvias como se convierte la naturaleza y se florece, el sonido de la naturaleza. ¿No te gustaría vivir así? ¿Sería para ti un éxito realizar este sueño?

Un ejemplo, de una persona conocida mía en Alemania. Desde hace muchos años tiene el deseo en vivir en otro País, tal como yo hice, para tener más tranquilidad, para disfrutar su viejez y tener lo que está soñando. Me está platicando desde hace más de quince años, pero que está haciendo en realidad, esta solo viendo en el internet imágenes, viendo como otros alemanes están viviendo en los lugares que les gustan, pero no se mueve ¿y porque no se mueve? para no enfrentar sus miedos y lo desconocido, para no salirse de su zona cómoda y no arriesgarse. Muchas veces yo le ofrecí vivir aquí en México y lo ofrecí a varios, incluido mi apoyo para que tengan más facilidad. Pero no se realizan o no se acercan. Cuando toco el tema, hasta se sienten incomodos porque ya no encuentran más excusas. En la gran mayoría me divierte escuchar sus pretextos, estos tipos de pretextos como: "Solo estoy viendo", o "si lo estoy viendo, pero esta complicado", o "si ahí viven muchos alemanes, pero no conozco a nadie", creerme, en todos los años ha escuchado aún mucho más, hasta puedo escribir solo un libro de pretextos y justificaciones para el por qué no.

No es mucho más fácil para ti para llegar al sí, si sabes ahí donde tu estas mirando ya viven muchos alemanes, porque no te quitas tu lado introvertido y te abres a la posibilidad. Una posibilidad puede ser en hacer vacaciones ahí, veas como es, si te gusta o no te gusta, pero a lo mínimo empezaste a crear la posibilidad.

Déjame decirte, hoy, en esta época media complicada en la que estamos viviendo actualmente en este año 2024 requieres ser extrovertido, requieres aventarte pase lo que pase, puedes disminuir el riesgo, pero es una nueva posibilidad para ti. Esta posibilidad es enorme, porque al final estas generando un brinco cuántico en tu vida. ¿Qué más grande puede ser, que generar en tu vida un brinco cuántico? ¿No te gustaría, tener esta posibilidad y llevarlo al éxito, a tu éxito personal? ¿O vas a decir que mejor no y te conviertes a tu propio cobarde? ¿Prefieres realmente ser este cobarde de ti mismo? este cobarde que no se realiza, que no importan tus sueños solo para que sigues cómodo. Que puedes decir en tus últimos respiros: "¿Porque no lo hice, porque no tome esta posibilidad?". Pero si ya sabes, en este momento ya es tarde, porque la única posibilidad que te queda es enfrentarte de Dios.

Así en la misma manera escribí dos semanas antes a un gran amigo mexicano un largo mensaje. Como desde antes estar desaparecido por su propia elección. No le asusta su vida, gana bien poco, trabaja mucho y así tal cual aceptando todo como es. ¿Hacia dónde te lleva este tipo de aceptación, cuales posibilidades se abren cuando tu lo aceptas todo así? Puedes llegar encima de tu posibilidad o te quedas abajo, así solo mueres lentamente, ¿no lo crees? Porque déjame decirte, el proceso de que mi amigo está muriendo está empezando desde temprano. ¿Te puedes preguntar porque está empezando el proceso de morir de mi amigo? Porque, simplemente no tiene la vida que el desea, está en una vida que no les gusta, por eso está reclamando, pero ya victimizando y se convirtió a una victimización crónica porque desde hace muchos años, desde que yo lo conozco está viviendo de manera conformista y no resuelve su situación. A mí en lo personal, solo de escucharlo me hace sentir incómodo, me mueve tanto solo en pensar que a él está viviendo así y no hace nada. ¿Él puede llegar al éxito? Si claro, si el empieza a tomar las riendas de su vida y empieza a decirse, ya estuvo, ni un día más, ese es el momento cuando la vida va a empezar a cambiar y se abren muchas posibilidades nuevas. Simplemente es un efecto causado por decisión e iniciativa, porque, la posibilidad de morirse en el estado en que se encuentra actualmente, desanimado, con poca probabilidad en crear algún cambio, es alta, porque falta mucha iniciativa, etc. Pp.

Cada ser humano cuenta con la posibilidad de hacer lo que realmente quiere hacer, puede ser que ahorita te preguntes: "Pero yo quiero ser Astronauta", y me vas a decir, bueno, por mi edad ya no puedo, o por mi estado físico. Bueno, pero existe la posibilidad que no vas a volar al Universo, pero si puedes estar dentro de una Empresa que esté trabajando para eso, no forzosamente requiere ser la NASA, si me entiendes. La posibilidad la generas tu a través de tus deseos, de tus acciones y además aumentar paso por paso tus posibilidades. No te conformes con alguna situación, es muy simple. Siempre requieres para tener más, para requerir más, para hacer el próximo paso y para abrir nuevas posibilidades. Si tu deseo es suficientemente grande se te abren posibilidades que ni te imaginas, pero si depende de ti.

La posibilidad del fracaso

¿Si sabías que el fracaso también es una grande posibilidad...?, viendo desde el lado positivo. En muchas ocasiones requieres vivir un fracaso para aprender, para entender y para todo lo que implica. Un fracaso no es absolutamente nada negativo. En los seres humanos o por decir en las creencias de la humanidad, el fracaso es una palabra muy negativa y se evita. Pero viendo desde otro ángulo, que es negativo realmente, requieres hasta disfrutar y porque no. Disfrútalo si quebraste con tu negocio, o fracasaste en tu relación y sabes porque, aprendiste. El negocio con que fracasaste, no estuviste suficientemente preparado para llevarlo al éxito, te faltaron unos aprendizajes, conocimientos para no salir en esta manera, ahorita ya lo tienes y estas experiencias y conocimientos vas a aplicar a partir de este momento a lo que viene en tu vida y todo te sale mejor. Bueno, eso es el óptimo, también existen personas que, honestamente requieren varias veces el mismo fracaso para que aprender a través de sus experiencias. No siempre es así de fácil de entender y aceptar. Lo mismo en una relación. ¿Que era para ti la pareja con la cual fracasaste? Lo normal, era tu Maestra o Maestro. Te ha enseñado muchas cosas, te guste o no. Si me vas a decir ahorita que no es así, entonces te invito a reflexionar, a reflexionar como estuvo tu relación, que hiciste tu o que no hiciste y lo mismo para tu pareja. Estoy seguro que si en cuando haces honestamente y no por el lado víctima, puedes encontrar muchas cosas que te funcionan en tu crecimiento personal. Son aprendizajes que requieres para el momento que llega la pareja adecuada y no hacer los mismos errores otra vez. Porque sigues haciendo también tú los mismos errores es más seguro que te lleva a otro aprendizaje y fracaso. Si es bonito, ¿pero se requiere? Me imagina nadie requiere estos tipos de fracasos, entonces si aprende y ábrete a la posibilidad que a través de tus propias reflexiones llevas a conclusiones maravillosas y estas puedes transformar a algo poderoso. Esto es una posibilidad que realmente puede estar por encima de todo. La aceptación y la transformación es algo muy grande y se te abren posibilidades tremendas en tu vida. ¿Todo se convierte para que realmente tu estas encima de tus posibilidades, no te gustaría vivir así? Que decides, cuales posibilidades tomas con consciencia, sabiendo cada decisión que te lleva a una nueva posibilidad y todavía puede ser una mejor posibilidad.

Las posibilidades son infinitas en absolutamente todo lo que te puedes imaginar. Cada posibilidad depende de ti, también depende de tus intenciones y acciones, porque una intención sin ni una acción es igual que no hacer nada. Tú tienes todo el poder de crear las posibilidades, igual como creas el éxito y también el fracaso. Te puedo dar un ejemplo personal.

Yo he tenido una empresa de software aquí en México, tenía la intención en posicionar este negocio en el mercado y si claro vender mi software. Lo logre vendí super bien y viví muchos años con este negocio. Pero llegó el momento mis clientes fueron muy exigentes y querían todo incluido, las adecuaciones y nuevos desarrollos. Hasta que yo declare al Universo que no quería más este tipo de clientes a través de mis pensamientos. Eso fue una declaración fuerte que yo mande al Universo. Fíjate que paso, como repentinamente hice estas declaraciones, el Universo se encargó en quitarme todos los clientes y no me mandó nuevos. Porque, porque la gran parte es igual, entonces me lo quito todo sin mandar algo nuevo. Porque así, porque, yo solo declaré que no quería estos clientes, pero después pensé, mi declaración tenía errores, porque, porque en ningún un momento agregué en la misma declaración que quería clientes que no quieran aprovecharse, que honraran mis servicios y pagaran por eso. Como no lo hice, el Universo dice, ok, te quita todos tus clientes, y así se acabó. Piensa en la figura de Aladín con su lámpara mágica. Es lo mismo tal cual. Piénsalo el Universo es Aladin con su lampara mágica. Cuida tus declaraciones y declara que si es realmente posible. No declares cosas que realmente no son posibles o que solo puede ser que si se puede pero no va pasar. No declares que quieres ser la persona más rica del mundo, puede ser más seguro que no va pasar, puede ser que te conviertas en una persona rica depende de lo que tu hagas, pero la persona más rica, es demasiado bajo esta posibilidad. Entonces cual es el aprendizaje, el fracaso, internamente lo declaras también tú, todo te generas a través de tus pensamientos, el éxito y el fracaso, ambos con tus intenciones, tus pensamientos y con tus acciones.

Si, tu creas realmente tus posibilidades con tu intención, y si tomas las acciones necesarias, se disminuye la posibilidad de un fracaso. Siempre es, todo depende de ti. Requieres cuidar todo lo que haces, porque todo lo que haces define el fracaso o el éxito. Si analizas a otras personas, que hacen o hicieron estas otras personas, es un gran método para ver que requieres hacer tu para llegar hacia donde tú quieres llegar. Todos tenemos muchos ejemplos a través de otros, ejemplos del éxito y también del fracaso. Ahí puedes ver claramente que requieres hacer tu para que te caigas en A o en B, en el éxito o en el fracaso. En caso que llegaste al fracaso, pregúntate, que no hiciste, porque lo que hiciste, ya lo tienes claro.? ahorita pregúntate que no hiciste, o que hiciste mal conscientemente. Vas a llegar a conclusiones muy interesantes. Cuando ya encontraste para ti las conclusiones que requerías, entonces llegó el momento del aprendizaje, de una nueva intención y nuevas acciones. Todas tus acciones nuevas se basan a tu experiencia anterior, si tiene éxito o tienes fracaso, no importa, lo que importa es que a través de ambos llevas un nuevo aprendizaje y eres más sabio. Usa tu nueva sabiduría y toma acción nuevamente. Si sigues así, estoy más seguro que si llegas a donde tú quieres llegar. Si claro es de paso a paso, unos realizan pasos de gigantes y otros llevan pasos de bebe. Solo se requieren ser pasos firmes, con intención y con acciones basadas en tus valores. Si tienes todo muy claro es menos probable que llegues a un fracaso. Mide los pros y contras, también por otro, el lado de tus acciones te puedes preguntar... ¿Cómo se siente cuando lograste lo querías lograr, y como se siente cuando llegaste a un fracaso, te sientes triste, desanimado etc.?

Otra cosa muy importante es confiar y agradecer, eso sí, es lo más importante. Agradece a Dios, al creador, al Universo por todo lo que te está dando, porque Dios, el creador o el Universo, te lo da o te lo quita, así de sencillo. Entonces para evitar la posibilidad del fracaso, hay que estar siempre agradecido. Agradece también al fracaso, es bueno, el aprendizaje, la enseñanza que te ha dado. El tema del fracaso es muy amplio, en muchos países es como un tema tabú, como si estuvieras hablando de la brujería, las personas evitan hablar sobre el fracaso. Pero al final, el fracaso es el mejor aprendizaje que puedes tener, recuerda, cuando empezaste tus primeros pasos en tu aprendizaje a caminar. ¿Cuántas veces te caíste y te levantaste? Cuando te subiste a un árbol por primera vez o cuando te pusiste de valiente por primera vez los patines, también, cuando te subiste por primera vez a la bicicleta, que sensación y en ningún momento pensaste que puede pasar en cuando te caigas. En cuando creciste con la edad, fueron los adultos que te quitaron de paso a paso esta seguridad que tu tenías y no te importaba si podías o no, simplemente intentaste y cuando caíste, te lavaste las manos e intentaste otra vez.

No te quedo nada malo en tus pensamientos, porque, nadie te empezó a platicar sobre el fracaso, sobre que significa en la humanidad fracasar. Existe este mito y sigue existiendo porque esta tan grabado en los adultos y desde cuando tu fuiste niño te empezaron a mencionar y cada vez más. Hoy todavía, en la época actual aun es peor. Nosotros en mi infancia, cuando subimos a los patines o la bicicleta no existían protectores, hoy puedes observar que la mayoría de los niños están tan protegidos que casi ni pueden moverse. Si claro, cuando se caen no les duele nada y no se rompen nada. Pero antes, cuando nosotros fuimos jóvenes tampoco nos dolió, ni nos rompimos nada, nos salieron unas gotas de sangre y aprendimos las lecciones de nuestros valiosos intentos. ¿Ahorita que están intentando, que aprenden nuestros niños? A realizar las cosas, pero con máxima protección, es lo que estamos enseñando ahorita. Después, cuando ya son adolescentes y adultos, que protección tienen, se arriesgan igual como nosotros nos hemos arriesgado, me imagina que no.

Que sabor tiene para ti el fracaso, ¿es amargo, sabe como algo podrido, como una comida a fuera de su fecha límite ya con hongo? Para mí un fracaso es dulce, con sabor a vainilla con fresas, con helado nada amargo, y ahorita puedes pensar porque, la respuesta es simple, me gusta el fracaso porque yo disfruto el aprendizaje y cambio las cosas después sobre lo aprendido, por eso se me hace dulce como chocolate y no me amargo, solo fluyo, aprendo y cambio. Requieres aprender no hacer el mismo error una y otra vez, porque si lo haces entonces el fracaso si cambia el sabor a amargo. Entonces el manejo es muy simple. Si en estos momentos la humanidad puede entender esta parte, empezarán a cambiar muchas cosas en nuestras vidas

Seguimos hablando sobre el fracaso, te puedo dar aún más ejemplos, muchos que lo más seguro has escuchado de una y otra vez. Te regresas a tu casa después de un examen en que fracasaste, ¿Qué es lo primero te van a decir?:

"Te lo dije, si no estudias vas a fracasar en tu examen"

O en cuando regresas de una competencia y no ganaste, lo mismos, y cuando terminaste con tu pareja también ahí escuchas algo como:
"Te dijimos que el/ella no es para ti, pero no querías escuchar, era obvio que no va a funcionar"

De esta misma manera escuchas muchos y te siguen programando los adultos, hasta que estas tan lleno de paradigmas y limitantes de ellos hasta que ya no sabes que hacer tu y requieres otra vez tiempo para saber que realmente que quieres o como requieres moverte a la dirección que tú quieres y no como otros quieren.

No eres tú al final, son otros que te programaron, y ahorita si te reprogramas tienes la posibilidad en ver el mundo diferente, con otros ojos, con otro sentido con nuevas posibilidades. ¿Estás dispuesto a reprogramarte para transformar todo lo vivido a nuevas posibilidades sin ponerle importancia al fracaso o un éxito? Simplemente hacer las cosas, pero hacerlas a tu mejor manera, en excelencia, con todo el deseo, la inspiración y dedicación. Lejos de lo ordinario para convertirte a algo tan extraordinario, y en automático vas a atraer como un imán al éxito.

Cambiando los paradigmas, los que escuchaste de toda tu vida, las creencias limitantes de otras personas que te dicen todo el tiempo sus limitaciones, porque son de ellos en realidad, no son las tuyas. Pero si tú crees en lo que te dicen, entonces cada vez cuando tu dices, si tienen razón, entonces convertiste las limitantes de otras personas a tus propias limitantes y te acercaste más hacia el fracaso, porque si intentas con estas limitantes, solo te quedas en el intento sin hacer realmente nada. Pero si no escuchas a las otras personas, estás automáticamente del otro lado. Es trabajar en tu consciencia permanentemente, en fluir, en creer en tus poderes, que no te importe lo que pueda pasar, porque todo está pasando a través de tus pensamientos. Si tu piensas, puede fracasar ¿qué pasará? Estás todo el tiempo con tus pensamientos en el lado negativo, al lado del fracaso porque estás pensando en él todo el tiempo, pero si, si piensas al contrario en el éxito, entonces te va a llegar, porque a través de tus pensamientos estas provocando que lo tu quieres que suceda.

Como fue cuando encontraste tu primer amor, no pensaste uy a él o a ella no lo puedo tener, no me va a querer, no me va a hablar y cuando le voy a hablar me va a mandar al chile. Pero como no lo pensaste porque estabas viendo a tu amor, simplemente te dejaste guiar por tu corazón y no pensaste en nada negativo y así en esta manera lo conquistaste y llegaste al éxito.

Recuerda, el fracaso y el éxito está detrás de tus pensamientos, así de fácil. Todos tus resultados son como tú lo piensas, estás todo el tiempo pensando que no va a suceder, simplemente no va a suceder. Pero si cambias tus pensamientos, por ejemplo, *si lo puedo lograr* ... lo más seguro es que si lo vas a lograr. Mientras tu piensas en el sí, automáticamente estas más cerca. Entonces resumiendo, pensando positivo siempre te lleva a algo mejor, a la cima de la posibilidad, hacia donde tú quieras llegar. Al final, todo será *depende de ti* y de nadie más, porque tú no dependes de nadie, solo dependes de ti mismo. Si tú quieres que las cosas sucedan, piensa en que las cosas van a suceder.

Las personas con cuales te juntas

¿Con cuales tipos de personas te juntas en tu vida, te juntas con personas que no te dejan volar, que no creen que te lo mereces o que tú puedes, te juntas con personas negativas o con personas que siempre están lamentando?

Tu vida también depende de las personas con las cuales te juntas. Es también la energía de estas personas, pero también es la energía tuya. Tú mismo atraes a las personas según tu energía. Para que entiendas mejor:

Si tu energía es positiva con mucho esfuerzo que si tienes éxito o quieres tener éxito, vas a atraer personas que tienen este tipo de energía. Así en la manera como tu elevas tu energía, así en esta misma energía atraes a las personas alrededor de ti. Siempre es muy importante que te unas con personas que vibran igual que tú y como tú quieras. Únete con ganadores para que tu también seas un ganador o te unes con personas que no les importa, que no tienen visión, que viven su vida como un robot y tu sigues igual.

Tu eres igual como el círculo de personas con las cuales te unes. Siempre es así, tú eres el espejo de las personas con las cuales te unes, eso lo puedes validar muy fácil cuando ves a otras personas. Yo no tengo aquí en este libro ni una intención a disminuir a nadie. Puedes ver a personas que viven en un barrio, ¿Cómo son entre ellos? Personas que roban, personas violentas. Si te unes todo el tiempo con ellos al final tu eres igual porque es la energía.

Yo en lo personal pude en la misma manera reflexionar mi vida, así como me uní con personas en mi vida, así era yo en cada momento. Y reflexionando, toda mi vida he sido un líder, varias veces ha logrado llevar también a otras personas a otro nivel en su vida, a cambiar sus creencias, pero cuando vi que no podía, lo más recomendable es dejar este círculo o a estas personas. Es lo más importante. Si tu realmente quieres estar por encima de tus posibilidades, únete con personas que te apoyan para que puedes llegar, con personas que vibran más alto que tú, para que tu aumentes tu nivel de vibración, para que cambies tus creencias limitantes y lo más importante que tengas la fe en ti mismo.

Yo en lo personal, cuando yo he tenido la visión de un negocio, me uní con personas que yo vi y tenía la fe con estas personas podía sacar este negocio que yo quería hacia adelante. Si claro, no siempre en la vida funciona eso, pero eso es la experiencia que cada persona requiere obtener para la toma de decisiones y el entrenamiento de poder de reflexionar situaciones en la vida para que sea más fácil. Existen muchas situaciones, cuando reflexionas te dan lecciones, es exactamente el momento que nunca debes de perder. Cada lección en la vida es muy importante para tu propio crecimiento. Cada lección depende de ti y de cómo lo veas, requieres ver varios situaciones con ángulos diferentes y exactamente para eso te funcionan las personas. Únete con personas que te aportan a tu crecimiento, no con personas que te quitan y no crean en ti.

Entre más que creces, y más llegas por encima de tus posibilidades, te topas con personas que no quieren que tu estés donde estas, con personas con envidia, etc. Así lamentablemente está funcionando la humanidad. Muchos en la humanidad no quieren que otros sean exitosos, es un gran error. La humanidad puede tener muchos más éxitos cuando se unen más, cuando se empujan el uno al otro. El éxito es programable y también tú, quien está leyendo este libro puede programar el éxito. La fórmula es sencilla, cada ser humano tiene una fórmula del éxito, requieres encontrar la tuya. Dentro de la fórmula siempre existen personas, son las personas que a través de ellos te apoyan a que llegues por encima de tu posibilidad, que te hacen volar, son las personas que creen en ti y siempre están para ti, para lo que tú quieras, incondicionales. Son estas personas con las cuales te quieres unir. Si reflexionas ahorita mismo, ¿Con cuales personas te unes actualmente, estas con las personas adecuados que te funcionan llegar hacia donde tú quieres llegar? O si es lo contrario, son personas que no te permiten llegar más lejos de tus posibilidades.

Yo veo ahorita muchas cosas distintas, muchas situaciones con otros ojos, con la capacidad en medir situaciones a 360 grados. Es muy importante que desarrolles las habilidades de ver o medir los diferentes situaciones y llegas a conclusiones diferentes. Estoy hablando de situaciones en todas las áreas de tu vida, personal y profesional, absolutamente de todas las situaciones. Si tú puedes desarrollar esta habilidad vas estar automáticamente en otro nivel. Con estas habilidades puedes ver la situación diferente, te puedes ver a ti mismo en cualquier situación y ver como reaccionas, así puedes ver que hiciste bien y que hiciste mal, es la reflexión que requieres desarrollar, todos lo tenemos, pero requieres llevar al nivel consciente. Si llevas esta capacidad en aumentar tu consciencia, la consciencia de reflexionar sin juicio cada situación, wow, te felicito en este momento, porque eso si te lleva en todos los aspectos por encima de tu posibilidad.

¿Qué es para mí en lo personal muy importante? Tu propio "Ego". Requieres controlar totalmente tu ego. El ego puede ser tu enemigo. Requieres aprender que el ego elevado no te lleva a nada y el ego de las personas con que te rodeas tampoco. El ego tuyo o de otros puede ser la parte negativa y la única posibilidad hacia donde te lleva el ego es a la nada. A las personas no les gusta en cuando el ego es tan visible, tan grande, entonces checa a donde o hacía que nivel tienes elevado tu ego. El ego es un mal consejero, te lleva a conflictos, te lleva a conclusiones falsas, te lleva a la nada simplemente, o al final hacia la destrucción. El ego es tu peor enemigo por el manejo de situaciones diferentes. Imagínate cuando alguien te está diciendo algo que te incomoda, así como hacen muchas personas, son estos momentos cuando sale tu ego. Tu piensas que es para tu defensa, pero en realidad no lo es. Tu ego es un defensor que está elaborado en tus pensamientos, que te quiere defender, pero en realidad no te hace ver bien como es la cosa, ni te deja analizar honestamente la situación.

Sabes cual es el problema real, todas personas quieren tener la razón, la razón está conectada con el ego y ¿hacia dónde te lleva el ego? En muchas situaciones requieres bajar el ego, dejar fluir tu *querer tener la razón* y llegar a conclusiones verdaderas. ¿Al final que te importa que algunas otras personas tengan la razón? Requieres entrenar a tu *querer tener la razón,* a tu conciencia, a detectar detalles y bajar a tu ego. La vida en realidad depende de como tú te muevas en situaciones o momentos especiales, te puedes convertir en un ganador o en un perdedor en un segundo. También es la parte de la Inteligencia emocional. Si tú puedes controlar y enseñar a otros que te rodean a controlar estas emociones todo el círculo sube el nivel. Evitando problemas, evitando conflictos, controlando la situación y llevar las situaciones y momentos a otro nivel como personas sabias. Este desarrollo te lleva hacia niveles como no te puedes imaginar, a niveles hacia donde nunca soñaste que puedes llegar. Es la posibilidad que tu creas en tu mente, lo vives, lo vibras y si no lo tienes aún, lo puedes desarrollar y si no sabes como yo te apoyo para que tú mismo puedes desarrollar la habilidad. Estas actualmente leyendo este libro porque tú tienes interés en desarrollarte, en transformar cosas y momentos hacia tu favor para que puedas estar por encima de tu posibilidad.

Cuando tu sientes la persona o las personas con las que te unes actualmente no te funcionan y no te apoyan para llegar hacia donde tú quieres llegar, ¿piensa que quieres hacer, que cambio requieres aplicar, que situación quieres mejorar, como requieres actuar? Probablemente quieres cambiar la persona, el círculo, el trabajo o tu negocio. En muchas situaciones depende de muchos factores, pero también depende de personas. Al final tú decides que requieres hacer y con quien te quieres juntar o unir y con quien no te va a funcionar nada en tu camino. Entiende, no estas votando en contra de las personas, estas votando a favor de ti, a tu sueño, a tu destino. No aceptes a las personas que no te hacen crecer., que te jalan para abajo y al final te conviertes a una persona igual.

¿Que estás creando tú y que quieres crear?

Recuerda, todas las posibilidades en tu vida las creas tú, en la psicología y en el coaching es aprobado esta tesis. Todo lo que pasa en tu vida es creado a través de tus pensamientos, lo generas a lo más que estás pensando en ello. Déjame darte un ejemplo:

Estuve por los últimos dos meses trabajando en una empresa de tecnología de software como Project Manager y tenía 53 personas a mi cargo. No cumplieron su palabra de mi contratación, después, no me capacitaron como mencionaron, también dijeron máximo 3 proyectos a cargo de cada uno, la nómina era sin impuestos y sin derechos médicos, o sea al final sin nada, pero bien pagado. Después de cuatro semanas tuve apenas 5 horas en total de capacitación a grandes rasgos y empecé a pensar, así en esta manera no lo podré, lograr me falta mucho conocimiento, lo avise a mis superiores y me aclararon que entendieron esta parte y me dijeron que no me preocupara. Es lo clásico. Dos semanas después me encargaron todos los proyectos, eran 17 ya comenzados con muchos problemas cada proyecto, y simplemente en frente de los clientes me hicieron responsable en una manera como Inquisición como en el medieval. Diciendo mi jefe directo que eso no se hace en ni una manera resultó, en el siguiente día me despidieron.

Cuál era el motivo de ellos, mi reclamación, que eso no se hace, pero más profundo era, soy incomodo, porque, todos los Coaches somos incomodos al final señalando donde está mal el manejo. Yo no me puedo hacer responsable por algo que yo no hice, eso ni se puede pagar. Pero en muchas empresas es así y así sigue, a lo más que crezcas el aire es más corto. ¿Pero cuál es la moraleja real de esta historia? Eran mis pensamientos, diciendo eso no es para mí, eso está mal, y entre más traté en realizar correcciones fue peor todavía. Entonces pasaron dos cosas, la primera eran mis pensamientos y la segunda eran los sucesos que no pude controlar yo, no era en mis manos. Pero al final, la base, fueron mis pensamientos, porque a través de mis pensamientos generé también este proyecto. Quería que me contrataran por un cierto tiempo y lo logré a través de mis pensamientos.

Que es lo que quieres crear tú en tu vida personal y/o profesional, hacia donde quieres llegar, que quieres tener o que es lo que requieres, que deseas, es eso lo que requieres tener claro. Que requieres hacer para tener lo que tu requieres o deseas. Como Coach y Manager/Director te puede decir que requieres tener siempre un plan A, B y C y si quieres todavía más, pero ponte todo en orden para que no te lleva a un caos y al final no resulta nada. Tener la claridad como lo quieres y tener claro los pasos que requieres hacer. Qué tipo de actividad requieres realizar. Son muchas cosas, pero al final es algo simple, tener esta claridad te lleva hacia donde tú quieres llegar o a lo que tú quieres tener.

Cada humano tiene una fórmula del éxito personal, también tú que estás leyendo este libro. Si me crees o no me crees, lo has aplicado tantas veces en tu vida, pero lo hiciste inconsciente, por decir en modo automático. Lo hiciste sin pensar así de fluido solo lo hiciste.

Ahorita vamos a hacerlo en la manera consciente. Una manera para detectar tu propia fórmula del éxito es verte a ti mismo con tu logro ya realizado en el pasado, cualquier logro. Ahorita empieza en el momento cuando lo lograste, cuando triunfaste, cuando lograste lo que tu deseaste. Empieza en este momento, y ahorita vamos a regresar, vamos a regresar cada paso que hiciste, que requerías hacer para llegar. Cual fue el paso anterior de tu triunfo, que hiciste para lograr llegar al último momento del éxito, para llegar por encima de tu posibilidad. ¿Cuál fue este paso? Bueno, ahorita vamos por atrás otro paso, ¿cuál en específico fue este paso? Así regresas en esta manera hasta tu primer pensamiento de lo que ya realizaste. Si llegas hasta tu primer pensamiento descubriste tu formula de éxito para lograr eso que tu querías.

Si claro cada logro puede llevar otros pasos, pero al final tú mismo si sabes cuales pasos requieres seguir para lograr lo que tú quieres lograr. Es muy simple al final. Obviamente existen personas ahorita que no entienden que quieren hacer conscientemente para lograr lo que quieren lograr. También hay varias otras cosas y consejos. No te pierdes tus tiempos viendo la Televisión, eso no te lleva para nada, la gran parte ahí es manipulada, igual las noticias lo único que hacen es sembrar miedo, requieres desarrollar tu lado crítico, todo puedes creer hasta un máximo de 50%. ¿Cómo es eso?

Si está leyendo las noticias o viendo la televisión y de ahí te dicen algo, ¿Cómo lo validas? ¿Es cierto lo que te dicen, has escuchado el otro lado, o lo has visto con tus propios ojos, como puedes medir la verdad de otros?, porque las noticias son sus propias verdades. Sabias que las noticias son de las 13 familias más poderosos a nivel mundial y son así de manipulado para que creas lo que ellos te dicen. Déjalo afuera de tu vida, te quitan toda tu libertad de pensar en otras cosas, en cosas enriquecedoras para tu vida, en algo lo que tú quieras tener, lo que quieres generar para ti, en algo que se te haga útil y te pueda funcionar. Es muy simple, no prestes atención, son cosas innecesarias. Llena tu vida con pensamientos positivos, disfruta el mundo, tu alrededor, tu familia, tu vida, tus labores, disfruta cada momento, porque de ahí se siembra todo lo que tú quieras.

La vida puede ser muy compleja y difícil, pero de ahí, déjame decirte, es porque tú quieres que la vida sea compleja o difícil. Son tus pensamientos al final. Si piensas desde el inicio, que difícil va a ser eso, que crees... si va a ser difícil, porque tú mismo te lo generaste en este mismo momento. Exactamente por eso lo repito tantas veces en este libro que son tus pensamientos. Pero ahí ojo, no basta con solo el pensamiento como, "yo quiero ser rico," ¿pero qué vas hacer tú para ser rico? Yo quiero esta mujer super guapa que está en la otra mesa del restaurante. ¿Pero si le vas a hablar? Requieres entender, el pensamiento es una cosa, lo requieres tener activo todo el tiempo, pero por otro lado se requiere tomar acción, para que te funcione el pensamiento, si te quedas acostado en la cama o sentado en la silla y no te mueves, por eso requieres pensar y activar todo el resto que requieres para si o si lo logres lo que quieres lograr.

Es lo mismo cuando el Atleta quiere ganar la medalla de oro en las olimpiadas. Primero y antes de todo piensa que quiere ser Atleta, después va a entrenar, después va a competir y después llega el pensamiento con el deseo de las olimpiadas y ganar la medalla de oro. Si claro hay pasos dentro.

La fórmula de oro es: Solo piensas y deseas cosas alcanzables por ti mismo. Si son cosas enormes, como: Quiero cambiar el mundo, también si es en el sentido positivo, puedes hasta dar tu granito, pero tu solito al final no vas a cambiar el mundo, ¿o eres tan influyente? Entonces, antes de todo piensa en cosas alcanzables, rétate a ti mismo para salir de tu zona de confort, porque, tampoco te va a funcionar si tú te quedas dentro de tu zona de confort, porque ahí dentro el único que te queda es tu sueño. Depende de ti, pero si son pasos que debes tener claro en tu mente.

Son cosas que no son alcanzables por ti, entonces pronto abarcas tu sueño y ahí se queda. Tu mente va a llegar a la destrucción, te va a empezar a boicotear, ¿te funciona? Claro que no, entonces, piensa en cosas que si puedes alcanzar, sin disminuirte. Claro que siempre se dice piensa en grande, pero siempre en grande alcanzable. Por ejemplo, tienes la edad de 30 años y quieres ser profesional del futbol, ¿eso sí puede ser es un sueño o deseo? ¿Es alcanzable para ti? Hay que ser realista, para ser futbolista profesional requieres empezar con la edad máxima entre 6 a 12 años para que puedes pasar todas las etapas que requieres recorrer, si no, ya no está a tu alcance.

Otro ejemplo:

Si quieres la casa de tu sueño, una casa grande, minimalista con muchas ventanas, en la playa, en el extranjero, eso sí es alcanzable. Que requieres, dinero. Entonces ahí empiezas, enfócate, que es lo primero, es tener la fuente de ingresos alcanzable, porque comprar un boleto de la Lotería tampoco es la solución, estar entre 1 a cientos de millones, no es realista. Quieres alcanzar realmente tu sueño, suéñalo y muévete, crea tus planes de acción. Realízalo paso a paso, requiere ser medible, ¿porque requiere ser medible? Porque si no ves algún avance real, entonces no es medible y lo más seguro es que no abarcas este sueño. Para que estés por encima de tu posibilidad, crear un plan de acción con metas alcanzables y medibles. ¿Qué pasaría en este momento si tus pasos son medibles?

Tú mismo te sigues motivando, te sueltas todas las químicas que tengas dentro de tu cuerpo (Serotonina, endorfina, dopamina y oxitocina), como es sentirlas, que euforia alcanzaste. ¿Estas motivado para el siguiente paso? Claro que sí, y todavía vas con más euforia porque quieres llegar al siguiente paso.

¿Pero qué pasa si no llegas a tus metas? Es como un boxeador entrena y entrena, pero al final no tiene talento y en cada competencia pierde, que dolor ¿o no? Es lo mismo contigo, si no haces lo correcto, que dolor en el camino, y que pasa, lo abarcas. Por eso es muy importante que tu sueño lo creas en grande, cuando tienes la claridad que quieres y como lo quieres, entonces empieza a dividirlo en etapas. Es igual como vas a dibujar una escalera, y en esta misma escalera, cada escalón es una etapa de tu sueño. Así de fácil no puede ser, así de fácil es. Es estrategia, es como un proyecto. Si tú sabes crear proyectos, entonces estas más cerca a la realización de tus sueños. Aprende a medir tus etapas, tus propios escalones alcanzables para que nunca abandones tu sueño.

También requieres tener la fe en ti mismo, requieres tener la pasión para lograrlo. Si tu sueño no se convierte para ti en una pasión, no te va a funcionar.

Si quieres un coche, cual coche quieres, en que color, que marca, que modelo, cual año, que kilometraje, nuevo o usado, o caro del año, en qué precio, como es tu nuevo coche por dentro, ¿tiene música, como se escucha, como se sienten los asientos, como huele tu coche nuevo, el volante como esta? Así de esta manera generas claridad sobre como lo quieres. Siéntelo, siente tu sueño como si fuera real, como si fuera realizado y dile gracias al universo que tu sueño fue realizado. El Universo siempre conspira con lo que tu deseas, pero debes saber pedir las cosas. Es la Ley de Atracción, fácil y sencillo. Existen muchos libros sobre eso y todos te dicen al final lo mismo. Si funciona, claro que si funciona. Cada momento en tu vida puede funcionar tu sueño, pero también totalmente depende de ti. Depende de cómo vibres el deseo. Se te hace la piel de gallina cuando sientes tu sueño, pero piel de gallina en todo tu cuerpo, ¿con esta intención estás pensando en tu sueño? Si es así, entonces lo más seguro es que si lo vas a lograr. Esfuérzate, salte de tu zona de confort y dale con todo como un futbolista en el final del mundial cuando quiere meter este gol para ganar la copa del mundo y está totalmente enfocado para lograrlo.

Eso es lo que te hace llegar por encima de tu posibilidad. Yo he llegado tantas veces en mi vida y siempre me recuerdo como lo quiero a través de mis pensamientos y como lo he logrado. Pero siempre lo he soñado y después empiezo a actuar por lograrlo. Requieres saber solo cuál es tu formula personal para llegar hacia donde tú quieres llegar o cómo vas a realizar tus sueños.

Entonces podemos reflexionar ahorita: ¿Qué estas creando tu realmente, y que quieres crear o hacia donde quieres llegar, estas enfocado en lo que tú quieres, vives tus sueños, o estas como muchos otros que ya no tienen sueños? Lamento mucho decir que existen muchos seres humanos que viven ya como robots, como máquinas, casi ni vida tienen. ¿Eso te gusta, una vida así?

En el caso que respondiste que no quieres vivir de esta manera o si quieres cambiar la manera en cómo vives, entonces sigue leyendo este libro. No es difícil aplicar cambios, lo único que requieres es estar consciente ¿si quieres tener cambios, y si quieres lograr tus sueños, y si quieres realmente estar por encima de tus posibilidades?

Entonces, chécalo, reflexiónalo o mejor medita de lo que estas creando y que realmente creas actualmente. La forma de la meditación es también una forma muy buena para calmar tus pensamientos y crear cosas nuevas, crear pensamientos distintos y diferentes. Si logras dominar tus pensamientos, estas de inmediato del otro lado, una cosa es el control de la Inteligencia emocional y la otra es el control de tus pensamientos. La gran mayoría de tus pensamientos son destructivos, ¿porque destructivos?, porque simplemente tu propio cerebro te defiende, no les gustan los riesgos o algo que te pueda poner en peligro. Explicado de una manera más simple y entendible. Tu propio cerebro es tu primer enemigo, no quiere salir de la zona de confort, porque salir de la zona de confort es algo que piensa que es incómodo, hay un riesgo, puede pasar algo. Si le haces caso en este momento a tu cerebro, estas perdido. Te va a ganar, tu cerebro sabe cómo manipular. Para tu cerebro es un enorme gusto estar todo el día en la casa encerrado sin hacer nada, como lo ama tu cerebro. Pero de ahí déjame decirte, ¿te lleva a cima? Claro que no, es tan simple que te lleva a la nada, pero si te cuidó para que no te pase nada.

Entonces a partir de este momento empieza a retar a tu cerebro, a empezar a dominar y llevarlo hacia donde tú quieres. Para lograr tus sueños requieres cada día, cada momento estar a fuera de tu zona de confort, estar en una zona de riesgos ampliando tu zona de confort. Sabias que cada vez que estás haciendo cosas nuevas estás sistemáticamente ampliando tu zona de confort. Si estas permanentemente en una zona conocida, se convierte después en cierto tiempo en una zona de confort otra vez, porque ya es conocido, es cómodo otra vez, ya no te da miedo. Así es permanentemente en tu vida. Para encontrarlo requieres arriesgarte y salir permanentemente de tu zona de confort y empezar a crear cosas a fuera de tu zona de confort. Que quieres, que quieres crear para que si llegas al siguiente paso. Piensa en grande, en algo grande pero alcanzable y empieza a crearlo. Empieza a pensar, por ejemplo, como puedes construir una bicicleta, un automóvil, una máquina o lo que sea que requieres para armar tus etapas hacia donde quieres llegar. Son muchos ejemplos, no cada ejemplo aplica a cada persona, eso sí me queda muy claro, pero son ejemplos a través de cuales puedes empezar a visualizar con las cosas haces. Te quiero apoyar con cosas muy prácticas y entendibles, con ejemplos fáciles. Al final quien va a construir eso eres tú.

Todos tenemos la capacidad, pero no todos sabemos cómo y mucho menos porque y para que las cosas son así o en esta manera. Pero déjame decirte, todo, absolutamente todo tiene alguna razón. Tu estás aquí para algo, tú tienes aquí en la tierra un objetivo. Tu no estás aquí para nada, sin sentido, solo para que estés. No, absolutamente todo tiene algún sentido, igual como tu vida tiene un sentido. Con eso estamos desviando un poco a la Logoterapia, pero a través de esta misma Logoterapia puedes encontrar tu sentido de la vida. Si encontraste tu sentido de la vida, tu vida en este momento va a empezar a cambiar. Las cosas empiezan a alinearse a tu favor, estas provocando algo nuevo, algo que tu realmente quieres. Se te van a abrir nuevos caminos, nuevas posibilidades, nuevas oportunidades. Es algo muy lindo encontrar algo como el sentido de tu vida, al final cuando lo encontraste, vas a dar un sentido a tu vida. Lo inhalas, lo disfrutas como no tienes ideas, una vida feliz, porque estas viviendo el sentido de tu vida, estas en tus sueños.

Crear tu vida como tú quieres

Aprende a vivir la vida como tú quieras, no como quiere la sociedad. La sociedad está llena de paradigmas y limitantes. Quita todo de eso, ya no le des poder a todo de eso, crea tu vida como tú quieras vivirla, ¿por qué?, porque es tu vida y no es de nadie más.

Sabias que puedes vivir tu vida a través de tu imaginación. Toda la vida es imaginaria. ¿Porque es así? Fíjate, cada persona ve la vida con ojos diferentes, cada persona está viendo cada situación distinta a ti. No es que existe alguien que está viendo todo igual como tú. Tú puedes vivir tu vida como estas igual atrás de las lentes de la realidad virtual. ¿Es interesante?

Ahorita probablemente puedes decir, este hombre está medio loco, bueno, todos somos un poco locos. Pero eso es otro paradigma que tienes tu. Los mejores creadores de la humanidad dicen eran locos o hacían locuras, al final dijeron que eran genios. Entonces vamos a dejar a un lado los paradigmas de la sociedad. Si dejas todo a un lado, ponte tus lentes imaginarios de la realidad virtual, puedes cambiar todo en absoluto, son tus pensamientos, solo fluye. Cierra los ojos y entra en la casa de tus sueños, pasa hacia la alberca que se encuentra en un gran jardín. Wow, ¿cómo se ve?, increíble verdad. ¿Es así como tú lo quieres, como te gusta y como siempre quisiste tenerlo? Ahorita quita tus zapatos y si tienes puesto también los calcetines. Lentamente, mete a un pie dentro del agua de la alberca. Como es la temperatura del agua, ¿estaba frío, esta tibia o por el clima estaba algo caliente? Como huele la alberca, huele a cloro, a humedad, ¿que sientes? cuando metías el pie en el agua, como fue la sensación, ¿estuvo rico, refrescante?

Ahorita, observa cómo es la alberca, es larga, o es cuadrada, cual es la dimensión, ¿Se te están generando las ganas para meterte completo? Métete, es tuya, estás en la construcción de tu vida como tú la quieres como te gusta. Así de esta manera, con tu imaginación, así requieren estar tus pensamientos para tener la vida como tú quieres, con toda tu imaginación. Puedes convertir de amargo a dulce en un instante solo a través de tus pensamientos. Tú tienes toda la libertad en pensar libremente, en construir, no en destruir, fluye y construye, absolutamente todo va a tener sentido.

Para que puedas estar por encima de tu posibilidad, requieres empezar a construir tu posibilidad para que puedas llegar más lejos. Aprende que cada caída te hace levantar más fuerte, absolutamente todos vamos a tener estas caídas, pero no nos vamos a quedar en el piso. Nos levantamos, nos sacudimos y seguimos adelante. Quien consigue las cosas fáciles también está en riesgo que se pierdan fácil. Cuantos Millonarios de la Lotería después de un rato ya no tienen dinero, llego fácil, no sabían Administrar y ya se fue todo el dinero. Construye tu vida de una manera inteligente para que sea duradera cuando ya tengas lo que quieres tener. Imagínate que ahorita estás empleado en una empresa, trabajas ahí como encargado, ganas un poco mejor del promedio en tu rango del puesto. Tu sueño siempre fue esta casa grande, minimalista con grandes ventanas para que entre mucha luz, pintada en blanco, con un gran jardín con alberca. Ahorita te pregunto, esta misma casa con tu sueldo ¿La puedes mantener? Si tu respuesta es honesta y natural, y tu respuesta es no. Bueno, estamos un poco más cerca de hacia dónde voy con mis pensamientos. ¿Que requieres pasar desde antes de tener esta casa? Requieres subir en la empresa y generar mejor puesto para que tus ingresos cambien. ¿Te hace ahorita más sentido?

En capítulos anteriores he mencionado que requieres crear absolutamente todo, pero con un plan. Con un plan de construcción, como una guía. Al final es este plan que requieres seguir, es este el plan que te va a dar resultados y en cada momento puedes modificarlo sin problema. Los planes a veces cambian, no importa, si se cambia algo, modifícalo. Es muy sencillo. Pero lo que no hagas, es abandonar tus sueños, siempre sigues tus sueños, si lo puedes modificar, pero síguelos hasta que los consigas. Por eso te da una satisfacción tan grande cuando lo logras, te sientes un ser humano con super poderes, porque no, estás en tu derecho, porque al final de una u otra manera tienes super poderes. Hay que ser el propio Arquitecto de tu vida y si te conviertes en uno de los mejores Arquitectos, más lejos vas a llegar. Por eso te quiero explicar cómo puedes llegar por encima de tu posibilidad. Que tu sueño sea real, que te motive, que te haga sentir con una enorme satisfacción cuando lo lograste, así se construyen los sueños.

Cuando te dicen o escuchas, sueña en grande, si claro, tienen toda la razón, ¿para qué te limitas?, no tiene caso soñar en chiquito. Para mí en lo personal, soñar en chiquito es lo mismo de ser como un mediocre. Para que realmente te funciona este sueño chiquito. Piensa en los niños, ellos sueñan tan grande, tienen una imaginación tan brillante, pero la sociedad los hace perder. Los hace perder a través de los paradigmas que existen dentro de la sociedad, son exactamente estos que te hacen perder tus sueños.

Cuando tu naciste, tu naciste en blanco total, con toda la libertad del libre pensamiento. Eras un gran soñador, tenías tantos sueños, querías ser Astronauta, Médico, Policía, presidente y entre ellos muchos más. ¿No platicaste a tus papas de tus sueños, quien querías ser en el futuro y que querías hacer? Estuviste inquieto, querías saber muchas cosas y la sociedad te empezó de pasito a pasito a reprogramarte, a programarte que ser Astronauta fuera muy difícil, casi imposible, requieres tener muchos estudios y a partir de este momento de pasito a pasito dejaste tus sueños. Ya no fluiste igual y ya no soñaste igual como antes. La sociedad está tan llena de paradigmas y de limitantes que están heredando a toda la humanidad. Al final si quieres romperlas te conviertes en la oveja negra de la familia. Igual como yo, yo soy la oveja negra de mi familia, igual como mi esposa, mi mujer amada, rompimos los paradigmas y limitantes, nos salimos por adelante y estuvimos muchas veces juntos por encima de nuestras posibilidades. Habían caídas en el camino, si claro y muchas. Pero siempre nos levantamos y seguimos por adelante. Ahorita somos Empresarios y Coaches, Instructores, Conferencistas, gracias a que...gracias a nuestros sueños y a la perseverancia de nuestra fortaleza. Tenemos nuestros sueños y vamos a conseguir y perseguir para que si o si se hagan realidad muchos más.

Tenemos la claridad, igual como tu requieres tener esta claridad y que requieres hacer. A veces hasta me hace reír, porque, en muchas ocasiones yo le he dicho a mi esposa, para que eso pueda funcionar se requiere eso ¿y que crees que nos llega después de que reímos?, porque sobre nuestras pláticas creamos el deseo, la necesidad, el requisito, no importa cómo quieras llamarlo, pero si nos llega. Eso es la claridad que tu requieres tener y si no la tienes requieres desarrollarla. Para eso no requieres tener un Don, lo único que quieres es tener un poco de lógica, la lógica es para tener claro lo que quieres tener para lograrlo. Por ejemplo, mi esposa tiene una sobrina que desde temprano en su adolescencia tiene la habilidad en la creación de postres y si en verdad son muy buenas. Primero los hizo para su familia, sus hermanos y papás. Después empezó a crear para fiestas de la familia más grande. Cuando el feedback era tan bueno, ella misma empezó a ofrecer sus postres en las redes sociales. Cuando empezó a funcionar, su Papá compró para ella un Horno profesional y el mismo Papá se encargó de las entregas a domicilio. Ahorita ya está creciendo su negocio, era un sueño desde chiquita y se hizo realidad. ¿Por qué funcionó de esta manera? Ella hizo los pasos adecuados desde el inicio hasta ahorita ha tenido la claridad de lo que requiere hacer, como se requiere hacer y que sigue. Sobre esto se construye algo solvente y funcional. Estoy seguro, ella en un par de años más es reconocida en la ciudad con una cadena de su propia marca. Es inteligente y sabe hacia donde quiere llegar, está tomando cursos adecuados para fortalecer sus conocimientos y establecer su crecimiento. Está preparando su propio vuelo para poder llegar más alto hacia donde quiera llegar. Pero cuando vamos a realizar un resumen, como empezó todo de eso, y déjame decirte existen muchas historias como estas dentro de la humanidad.

En caso de que tu todavía no lo haces, es porque te estas conformando con lo que tienes, puede ser que no quieres más, o estas tan dentro de tus limitantes y con los paradigmas de la sociedad que tú ya no sueñas. Pero déjame preguntarte, ¿que realmente te está limitando al final? Eres tú mismo, nadie más. Tu eres el único limitante que existe. Me gustan siempre las preguntas directas y en la cara, y ahorita te hago unas:

(Contéstalas honestamente para ti mismo)

1: ¿Te gusta tu vida actual?
2: ¿Si no te gusta, que requieres cambiar para que si te guste?
3: ¿Qué te hace actualmente falta en tu vida?
4: ¿Qué es lo que no quieres tener en tu vida?
5: ¿Estas persiguiendo tus sueños?
6: ¿Qué estás haciendo para que tus sueños hagan realidad?
7: ¿Con las personas con las cuales te unes te funcionan para llegar hacia donde tú quieres llegar?
8: ¿Qué te hace falta para realizar tus sueños?
9: ¿Qué requieres hacer para realizar tus sueños?
10: ¿Te gustaría estar por encima de tus posibilidades?

¿Con que claridad te contestaste estas 10 preguntas, te funcionaron? Te puedes aplicar a ti mismo muchas preguntas más, pero al final quien tiene en la mano el timón del barco de tu vida, eso eres tú, solamente tu. Quien se requiere mover para lograrlo eres tú. Requieres aprender que absolutamente nadie puede hacer las cosas por ti. Siempre debes hacer las cosas tú, tú eres la persona responsable para que las cosas sucedan, si no eres tú, quién más es la persona responsable para que las cosas de tu vida sucedan. Son reflexiones que te hacen funcionar para que las cosas empiecen a cambiar, para que tu propia vida empiece a cambiar. Pero al final, solo empiezan a funcionar si tú eliges que las cosas empiecen a cambiar. Todo está en tus manos y tú eres el dirigente, el dirigente en tu propia vida, el dirigente de tu familia y el dirigente de muchas cosas. Aprende a poner en harmonía tu Orquesta, tu Orquesta son tus sueños y deseos, es tu vida, dar harmonías a todo ello. Que tu vida se escuche como una melodía tan bonita, tan alegre como una sinfonía espectacular. Tú puedes crearlo, el único que te puede frenar eres tú, nadie más, y déjame decirte que el mundo puede frenarte, pero solo al momento que tú le haces caso. Si no haces caso, eres infrenable.

Como te suenan estos últimos pasajes, ¿es algo enriquecedor? Estas aprendiendo algo fuera de lo común, me imagino que sí, porque te puedo garantizar, yo no soy nada común, sobre eso te puedo firmar una garantía. Tengo 57 años de aprendizajes, lleno de subidas y caídas, de tormentas, de huracanes, de mucha luz y alegrías, de sentirse rico porque varias veces fui rico. Pero ahí también hay un error dentro de la humanidad. La gran mayoría tiene el concepto de ser rico relacionado al dinero, para mi ser rico es lo contrario. Para mí una persona rica va más por otro lado, es una persona que sabe vivir, que disfruta la vida, es positiva y alegre, que vive su vida así tal cual como quiere vivirla, es de una persona sabia, con experiencia que nadie puede quitársela, para mí no es relacionado al dinero.

Cuantos personas realmente ricas viven en una jaula de oro. No viven realmente, se esconden a la humanidad, tienen grandes protecciones, guarda espaldas. Así en la sociedad es la definición de una persona rica. Por eso te quiere dar este ejemplo de las diferencias que existen, para que tú mismo veas como están tus pensamientos. Estas alineados con todo lo demás o piensas algo diferente. ¿Tienes la capacidad en ver las cosas distintas con pensamientos críticos? Si no lo tienes, te invito a que empieces a cambiar tus pensamientos, a ser crítico, pero ojo, ser crítico no es que empieces a criticar a todo y a todos, no. El pensamiento crítico te lleva a otro lugar, te lleva a desarrollar tus pensamientos a que no creas todo lo que te digan, lo que leas o lo que estás viendo. Puedes preguntarte, eso que escucho es verdad?, así es, es una situación real o es simplemente solo alguna creencia de una otra persona sin saber que si es la realidad.

Nunca te detengas en construir lo que tú quieres. Si vives en pareja aún es más fácil porque es doble poder. Cuando ambos tienen los mismos sueños de una vida perfecta para esta familia, siguen exactamente esta construcción. No se detengan nunca, valyden como van en su vida, en sus deseos y retos. La vida es retante, te reta todo el tiempo, requieres estar firme, pero no firme en la manera de un Roble, porque llega el huracán y el Roble se rompe. Firme como una Palma, que se mueve, que es resistente hacia cualquier tormenta o a los huracanes. Orienta tu vida como se hacen las palmeras, se te facilita como no tienes idea, sigue creciendo y si aplicas lo mismo en tu vida, tu también sigues creciendo. No importa por donde llega el aire solo te hace mover y fluir, pero nunca dejes de crecer.

Piénsalo, es tu momento, es tu momento para que empieces otra vez a soñar, y cuando ya estés empezando a soñar, persigue tus sueños. Si es un sueño que realmente quieres, síguelo. Déjame decirte otra cosa. Tus sueños nacen a través de tus pensamientos, pero al final requieres escuchar a tu corazón. Tu corazón es el indicador número uno de que este sueño es lo que realmente quieres o no. Aprende a escuchar a tu corazón, es tu indicador número uno. Si tu corazón quiere algo, la sensación que tienes dentro de tu cuerpo en este momento es muy diferente, escucha a tu corazón, aprende a ver las señales, lo único que quiere tu corazón es hacerte feliz. Tu corazón nunca te engaña, tu cerebro sí. Es una enorme diferencia, tu corazón es lo más puro que tienes, es como un diamante y es único. Haz que tu corazón sea feliz, que tu corazón sea alegre, que tenga lo que quiera tener, tu vida ... va a cambiar.

Usa también a tu niño o niña interior. Es tu más grande acompañante de tu vida. Si preguntas ahorita a tu niño o niña interior: "¿Estas feliz, cumplí mi promesa que te hice cuando fuimos chiquitos, cuando te comprometiste a hacerlo feliz en tu vida?" ¿Si lo cumpliste?, ¿o están tristes dentro de ti? Requieres tu niño o niña interior y a tu corazón. Qué vida puedes tener si escuchas a tu corazón y haces feliz tu lado interior. Como estuviste de alegre en tu infancia, te recuerdas aún como estuviste en tu infancia, ¿te gusto o no te gusto? Corriste, reíste, brincaste e hiciste muchas cosas, simplemente disfrutaste tu vida, sin juicios. Y ahorita como estas ahorita, que ha cambiado desde tu infancia hacia este momento.

Me puedes decir ahorita, soy adulto, tengo responsabilidades, requiere hacer muchas cosas, tengo familia, etc. P.p.

Déjame decirte que son tus paradigmas, eso nunca te debe de evitar que alimentes a tu niño o niña interior, que lo hagas feliz, que lo lleves día a día en tu vida y sigues alimentándolo con alegría, con ganas de aventuras, con cosas de investigar, vivir sin tanta preocupación, pero con ocupación. Porque no empiezas otra vez a ocuparte, a ocuparte de tu vida, de tus sueños, simplemente a tener una vida como te gusta, como te lo mereces, y no a una vida que tu estes viviendo para otros. Porque, déjame decirte, si tu no vives tu vida, va a llegar alguien otro y que empieza a vivir tu vida por ti. Así de simple es la vida, si tu no lo haces, llega otro y lo hace por ti, eso es como una ley.

Si empiezas a ocuparte a i mismo y a tu vida, a cuestionar muchas cosas que haces y que tienes, te puedo garantizar que tu vida empieza a cambiar, que tu vida empieza a tomar otras direcciones. Existen muchas personas que dicen, tu vida desde antes que tu naciste está escrita. Pero pensando con alguna crítica, quien sabe realmente eso, donde está escrito eso. Entonces, que pasa cuando cada mañana en la misma esquina das la vuelta hacia la derecha, pero hoy, realmente en el día de hoy das la vuelta hacia la izquierda. Tus pensamientos en este momento pueden ser que te indican, si voy a la izquierda voy a llegar tarde. ¿Bueno, y si sales más temprano de tu casa, que pasaría? Quédate atento ahorita a tus pensamientos. Tu cerebro se va a cerrar a nuevas posibilidades porque por el lado izquierdo entras en una zona desconocida, estas fuera de tu zona de confort. Tu cerebro está incomodo, es un reto para él porque va a tener muchas preocupaciones, ¿no es así? Que sigue, tu cerebro empieza a actuar, te quiere mandar por el camino de regreso, por el camino que reconoce, ¿es así?

Pero que tal que no le haces caso a tu cerebro y sigues por el otro camino, en este momento tu no le haces caso y sigues por el camino nuevo y estas dentro de la zona de peligro o en la zona de oportunidades, sigue caminando se te abren nuevas posibilidades. Esta zona después de un corto tiempo se convierte otra vez a una zona de confort, porque ya es conocida, ya es normal, tu cerebro ya se adaptó.

Solo avanzas en tu vida cuando sigues estando a fuera de tu zona de confort. No te funciona quedarte dentro de alguna zona de confort, porque es cómodo, no es retador, no encuentres nada nuevo, ¿pero ahí tus sueños qué? A eso me refiero, a exactamente esta respuesta que tú mismo te has dado en este momento, hay que estar fuera de tu zona de confort, estar como los boyscouts, buscando permanentemente nuevos caminos y ampliar mis zonas. Conocer a nuevas personas, nuevas empresas, clientes, empresarios, proveedores, etc. Absolutamente todo encuentras fuera de tus zonas cómodas. ¿Te queda claro ahora?

Me imagino que ahora tienes más posibilidades en construir la vida que realmente quieres y la vida que te mereces. De ninguna una manera te voy a decir, todo es fácil y todo es tralala, "No", pero también tú mismo puedes complicar las cosas como no tienes idea. Hay que manejar las cosas con un poco más de facilidad, no te dificultes las cosas, fluye en la creación. Si no puedes solo, pide apoyo, no es nada malo en absoluto. Pedir apoyo no es significativo a para disminuirte, pedir apoyo te apoya en tu propio crecimiento, es como jugar en equipo, ahí también pides apoyo a tus compañeros. Todos somos parte del mismo equipo. La diferencia que tenemos ahorita es no todos quieren jugar en equipo. La raza humana es una tribu, dividido en muchas tribus, con la diferencia, a muchos seres humano no les gusta ver como otras personas crecen mientras ellos mismos no crecen. Ahí tenemos el clásico o tradicional de lo más común "la envidia". Muchísimos seres humanos no les gustan verte triunfar, se convierten a personas tóxicas y cuando fracasas, para estas personas es como un triunfo. ¡Mi recomendación es, déjalos, ignóralos! Con tu propio triunfo los vas a calmar, para ellos verte triunfar, se convierte a hacer visible que ellos no están haciendo nada para poder triunfar también ellos. Ellos prefieren seguir en sus zonas cómodas. Son estas imágenes que puedes ver todos los días en las redes sociales, como memes. ¿Pero ahí preguntando, son estas personas que realmente viven su propio sueño? No...

Entonces vamos por otras preguntas:

1:    ¿Te funcionan en tu vida las personas que tienen envidia hacia ti?

2:    ¿Tu vida se puede cambiar si no estas cerca de estas personas?

3:	¿Puedes tener una vida más tranquila si no escuchas a estas personas?

Que te dicen estas personas, tú no puedes, eso no es para ti, no tienes conocimientos sobre eso y muchos más. O también hay otras cosas, estoy otra vez enfermo, todo el día estuve con el médico, entre uno a otro, ya no puede más y bla bla bla. Hasta cuando te platican te sientes como que te están quitando de pasito a pasito toda tu energía, ¿no es verdad? Te sientes con mucho sueño y lo único que quieres es salirte de ahí, y cuando sales ya no quieres regresar nunca. Déjame decirte, a mí me paso lo mismo en muchas ocasiones, hasta con mi propia familia en Alemania, así de manipuladores, así de tóxicos, sin decir nombres porque no voy a señalar a nadie en especial. Que ha hecho yo, lo ha dejado a ellos, a unos ya no ha visto nunca más, a otros no tuve contacto por más de 40 años o más. Pero al final, debería hacerlo y lo hice. No me ha funcionado en este momento en que estuve y vi que no me va a funcionar en adelante. Por eso en mi familia me dijeron siempre que yo era la oveja negra junto con mi papá, porque yo era hasta un cierto grado el espejo de mi papá.

Cada decisión que he tomado fue una decisión a favor de mis sueños y la mayoría lo he logrado, aún tengo más sueños y sigue trabajando en ellos, pero estoy consciente y abierto a que cada cosa requiere su tiempo, llega en su momento si yo sigo trabajando en ellos. Si tus haces lo mismo, también tú lo vas a lograr, no me queda la más mínima duda, realízalo al nivel que tu puedas realizarlo. Yo no puedo decirte la manera exacta si requieres hacerlo así, así o así, no ... cada ser humano requiere encontrar su propio camino, su propio esfuerzo, sus propias ideas y sus propios sueños y deseos. La fórmula en general es salirte de tu zona de confort y no dejes que las personas te digan que tú no puedes, o que eso no es para ti. Simplemente hazlo, no escuches a otros, ábrete a las posibilidades, para que puedas llegar por encima de ellas, requieres fluir, estar abierto, escuchando a tu corazón y caminar por nuevos caminos, hacer las cosas de una manera distinta a lo que hiciste hasta ahora. Requieres aplicar cambios en tu vida, pero si lo haces, te puedo garantizar que llegas más lejos de lo que tu propia imaginación te diga. No son otros, eres solamente tú el que te puede frenar en tu camino. Ponte la mirada que tienen los futbolistas profesionales antes de salir a la cancha, tienen la vista del túnel, están enfocados al máximo a lo que ellos quieren. ¿Qué quieren ellos antes de salir a la cancha y también con la salida? Tienen el único deseo en este instante, "ganar el partido", no están pensando en otra cosa, solo y únicamente en eso, en ganar. Eso es su sueño en ese momento y lo están dando lo que sea para que ganar este partido, cueste lo que cueste, como si su vida dependiera de ello. Así están jugando y no solo en el futbol en todas las competencias, porque si no lo hacen así, ¿A qué van, pueden quedarse en su casa o no, es mucho más cómodo?

Me imagino también te has enterado cuando algún profesional quiere de repente cambiar de equipo, está actualmente en un super equipo, están ganando todo, pero llegó el momento que quiere cambiar. Están buscando superarse, buscando nuevos retos nuevos desafíos, quiere ir más lejos. Ahorita te pregunto ... ¿Cuándo quieres tu cambiar de equipo?

Estas listo para algo mejor, para algo que aún no te has imaginando, y tu corazón sigue diciéndote casi a gritos. ¿Cuándo vas a empezar en dar la atención a entender?, cada día que pasa es un día menos de tu vida. Cada día menos estas un día más cerca de la muerte. Cuando ya estes viejo, ya para que, ha legado el momento en empezar a disfrutar. Cuando ya estés en la tercera edad, también puedes vivir tus sueños, sin ninguna una discriminación. Solo el mismo esfuerzo no lo tienes ahorita como lo tienes a 65 o 70 años. Requieres reflexionar como quieres tu vida cuando ya estés en una edad en la que ya tienes estos límites que no puedes esforzarte tanto, cuando ya no puedes correr un maratón, cuando ya no puedas estar arriba de una bicicleta por tanto tiempo y solo caminas más lento. Si te encuentras imaginariamente en esta etapa de tu vida, ¿qué has logrado? Realizaste tus sueños, ¿cuántas veces en tu vida estuviste por encima de tu posibilidad? ¿Viviste tus sueños?

No importa si crees o no crees en la reencarnación, tu vida aquí en la tierra es única, es un momento único y lo quieres vivir ahorita y no en otra vida. Es aquí y ahora no es en otro momento. Requieres vivir con esta claridad. Si te vas a decir, yo creo en la reencarnación y lo hago en la próxima vida, esta vida ya me canso, ¿te funciona realmente? Pero qué pasa si te paras ahorita mismo y gritas, yo quiero vivir mi vida, como yo quiero, como lo deseo, pero gritar con todo el corazón. ¿Como te sientes ahora?, ¿tienes tu energía elevada? Estas creyendo si lo que dices o solo lo gritas de mediocre, solo porque estas líneas te lo indicaron, si es así, no te va a funcionar, no vas a tener el mismo resultado que probablemente tu estes esperando. Construye tu vida y empieza a vivirlo, con todo respiro, en cada momento, siéntelo en cada instante y con todo tu cuerpo, víbralo como lo quieres con toda tu esfuerza, porque, al final, es tu vida...eso que se llama vida...es la tuya. No la desperdicies, no la tires a la basura. La vida es tan hermosa como no tienes ideas, es tan colorida, con colores que no has visto nunca, es tan alegre como desde hace mucho no lo habías sentido. La vida no es preocupación, porque, por tanta preocupación que tienes estas descuidando que requieres disfrutarla. Tampoco menciono en ningún momento no te preocupes de nada, porque por otro lado déjame decirte, en la vida requieres ser responsable primero de ti mismo, responsable hacia tu familia, a tus labores, a tu vida profesional. A todo requieres hacerte responsable, pero no en la manera de preocupante, porque el ultimo concepto es diferente.

No pierdas tu vida con preocupaciones, existen muchas personas que te preguntarán una y otra vez, lo resolviste eso o eso y eso con una frecuencia tan alta que casi te mata. A que te lleva este momento, te llevan a pensamientos innecesarios. Siempre existen solo dos preguntas. Si estas en una situación preocupante, la primera pregunta es:

A)	¿Puedes resolver la situación en este momento?

Si la respuesta es sí, entonces resuelve la situación y deja las preocupaciones.

B) ¿No puedes resolver la situación?

Entonces no te preocupes, déjalo a un lado hasta que lo puedas resolver, pero no te preocupes. porque si estás todo el día preocupado y pensando cómo puedes resolver cualquier situación, entonces estas en exactamente estos momentos de posibilidades y tu mente no te deja que llegue en algo mas, solo estas en esta situación que tienes preocupante. ¿Te deja disfrutar tu vida?, no.

Entonces resumiendo otra vez, requieres fluir en tu vida en todo el sentido, lo que no puedes no lo hagas, solo te lleva al sufrimiento, lo que puedas hacer, hazlo ... que te frena en hacer lo que tú puedes hacer. Si es algo que quieres hacer, pero no sabes hacer como, ¿qué posibilidad tienes en este momento? Una posibilidad es aprender cómo hacer, ¿o no? La otra posibilidad es buscar a alguien que te pueda hacer lo que tu estas buscando y así sigue toda la línea llena de posibilidades, pero nunca te quedas atrapado en algo que no sabes resolver.

Es tu vida, constrúyela, vívela y disfrútala al máximo como si no existiera otro día. Existen algunas personas que probablemente ríen sobre estas frases, puede ser son estas personas que no saben disfrutar su propia vida, que viven amargadas y no disfrutan nada. Tú, a cuál de las 2 partes te gustaría unirte, a disfrutar o a amargar. Cuando en este instante requieres elegir, que eliges para tu vida, se honesto. El regalo más grande que recibiste del Universo es tu vida, entonces, con todos los límites que tenemos, hablando de la muerte, porque la muerte si es nuestro limite natural, puedes disfrutar como probablemente no tienes ideas. Como disfrutas a tu esposa, a tu familia, a tu vida profesional, ¿si estas disfrutando? Si tu respuesta es sí, perfecto, te felicito con todo mi corazón, porque tu si sabes vivir, pero si tu respuesta es no, entonces,

¿Qué quieres cambiar para empezar a disfrutar tu vida, y de eso, depende de quién?

Puede ser que estás leyendo muchas líneas que te incomodan, bueno, nosotros los Coaches somos incomodos, somos críticos, nosotros estamos viendo las cosas diferentes de como lo ven muchas otras personas. Es nuestra profesión que nos hace ver las cosas de una manera diferente. Te invito a que tú también empieces a ver las cosas en una manera diferente y déjame decirte, no quieres ser un Coach para ver las cosas diferentes. Nosotros tampoco somos privilegiados, no, solo por estar viendo las cosas un poco diferente no nos hace privilegiados. Tenemos la suerte (la suerte en realidad no existe, tampoco el karma) elegimos una carrera que abre mucho más la consciencia y estamos viendo muchas cosas diferente y si claro más crítico. Pero al final que hacemos, nosotros los Coaches apoyamos para que seas exitoso en lo que tú quieras ser exitoso, es la profesión que te mueve del punto A hacia el punto B en la medida de pasos que tu requieres, no en la medida en que yo diga, no. ¿Hasta aquí todo claro?

No te detengas en tu vida

No fluir es como pararte, pararte en algo sin necesidad. No te pares nunca, ni descanses hasta lograr tener lo que tú quieras tener. Si quieres descansar, entonces ahí corres el riesgo en abandonar. El regreso es siempre más difícil, tomar otra vez la iniciativa en levantarte para seguir si es difícil, es más probable que lo dejes y que busques otra cosa. De ahí, recuerda, en tus últimos respiros, en los últimos momentos de tu vida, cuando pasa toda tu vida en un momento, o cuando ya estás tan viejo que existen unas cosas que no puedes hacer por cuestiones de salud o por alguna discrepancia física, entonces siempre llega el momento cuando empiezas a lamentar, porque no lo hice cuando era el momento, porque no lo hice en cuando tenía la edad, cuando me embaracé he dejado todos mis sueños. Pero déjame preguntarte en este instante: "¿Quién ha tomado la decisión en no hacerlo?", fuiste tu o no, fuiste tú quien abandono lo que tu querías y con el tiempo lo olvidaste y cuando llegaste a una edad más avanzada no te animaste. Siempre es lo mismo y no te preocupes eso les pasa a muchísimos. Existen realmente pocos que no se detienen bajo ninguna circunstancia, los que quieren hacer las cosas y lo hacen. Son ellos los disfrutan al máximo, que al final no lamentan nada, no piensan en ni un momento "y al hacerlo, que paso entonces" ... eso nunca te vas a enterar porque no lo hiciste. Entonces, en este capítulo te invito a que hagas las cosas en tu vida, y a que no te detengas, a que vivas, a lo que inhales al máximo, a que lo disfrutes igual como si fuera lo último que hagas en tu vida, pero nunca te detengas. Si tú paras, toda tu vida se para, solo tu reloj biológico sigue, tic tac tic tac, pero todo el resto qué. Anímate, es tu vida, es tu sueño, es todo tuyo, vívelo.

En el Entrenamiento Transformacional en que he participado, el que realmente ha cambiado mi vida y en el que después yo también he impartido en ciertos fines de semanas aprendí que una ... la vida es como el vuelo de una gaviota, de estas gaviotas majestuosas pero siempre con la dificultad que solo pueden volar hasta un cierto nivel, después de este nivel el aire se hace más denso y no pueden volar mas alto, eso es lo que piensan las Gaviotas y así lo dejan. En esta historia que también te encuentras en el internet sobre "Juan Salvador Gaviota", ahí en esta misma historia, este Juan Salvador Gaviota se fue por encima de su posibilidad, voló tan alto que ninguna otra Gaviota podría alcanzar. Puedes preguntarte, que te detiene volar también así de alto, donde el aire es más denso y más pesado y casi no puedes respirar, pero tu si quieres volar todavía más alto y nada o nadie te detiene. Así también es en la vida, siempre hacia adelante, siempre más alto, con tu destino en la mirada. Has escuchado que todos los caminos llegan a Roma, así es con el destino hacia donde tú quieras llegar. A veces requieres desviarte, a veces llegas bien derecho, hasta a veces te puede fallar el motor, pero pase lo que pase, si tú quieres llegar, llegas mientras no te detengas.

Desde que yo era joven, desde antes de los 20 años siempre quería vivir en un lugar soleado, donde hubiera calor, alegría, donde estuviera cerca el mar, pero no el mar del norte o del oeste, no, a lo mínimo era el mar mediterráneo. Para mí la idea siempre fue ir a vivir en España. ¿Porque a España?, porque no es lejos de Alemania, no requieres tener conocidos, te entienden en alemán, por lo menos donde hubiera turismo. Eso era lo que quería desde hace mucho tiempo, he visitado varias veces España y me encanto. Siempre dije que no me gusta vivir en Alemania, no se me hace cálido, me faltaba el sol, solo hay una temporada con sol y después ya no. Estuve esperando la oportunidad, pero nunca abordé este sueño, y ¿qué crees? Con 36 años me llegó la oportunidad en cambiarme para Miami o para México. Miami ya lo conocía, es bonito, pero me hice muy caro en este momento y elegí mudarme a través de un amigo, era otro alemán, hacia Guadalajara, Jalisco, México. Ahorita me dicen que soy el Alemán más Tapatío.

Bueno, en esta historia como ves, lo he manifestado y lo he logrado y así en esta misma manera he logrado muchas cosas en mi vida. Todo depende en como tú lo deseas. Si claro, tuve muchos factores que generé desde antes para lograrlo. Tuve un negocio en el mercado financiero que he dejado cuando se cayó el WorldTrade Center de Nueva York. En cuando tuve el negocio conocí este alemán que me ha traido a México y el otro que me quería llevar para Miami. Como lo puedes ver, todo lleva una cadena. Pero mi primer pensamiento fue, ya no quiero vivir en Alemania, quiero sol y mar. Ahorita se llama México y no España, hablan español, hay sol y mar y alegría. Wow

Otra historia es que cuando yo tenía la Empresa de Software que he dejado en 2015, tuve un Porsche viejito, era difícil en encontrar refacciones, entonces que hice, abrí el navegador web y me hice la pregunta, cuales marcas me han dado los mejores resultados, sin duda era la marca de los coches del Sur del Alemania de Munich. Empecé a buscar en el navegador y encontré este coche, un 330 CI en rojo, Convertible, como nuevo. Lo quería, dos semanas después lo tenía. Así son las cosas, si realmente lo quieres te mueves tanto para que si lo tienes. Cuando tu intención no es tan alta o tan clara entonces no lo logras.

En el momento en que yo he logrado algo o he tenido un éxito en mi vida lo he provocado yo mismo, lo quería y he movido todo para conseguirlo. No es difícil conseguir cuando tienes claro que es lo que quieres. Existen tantas cosas que la única limitante es tu propia imaginación. La única limitante eres tú mismo. Si no sabes que quieres, inspírate, que sea tu propia inspiración, si no te inspiras a ti mismo como puedes lograr algo. Recuerda cuando quieres algo y todo está en contra de ti y de todas formas consigues lo que siempre quieres. Ahora se honesto contigo mismo, porque si no eres honesto contigo mismo como puedes medir que tu sueño o el destino hacia donde tú quieres llegar es posible o no es posible, quieres ser tu empujón, quieres ser esta persona que te mueve, quieres ser tu propio motor, tu marcha para encender el motor, requieres ser todo en una persona y al final, requieres ser simplemente tú mismo.

Si tienes toda la claridad, mediste que, si esta posibilidad, es muy probable, entonces, enciende el motor y empieza a moverte. ¿Tienes claro los escalones? Escalón 1, 2, 3 hasta el último escalón, póntelos como en un checklist y valídalos.

Suponemos que quieres un coche nuevo, entonces, en el último escalón recibes tu nuevo coche. Los escalones llevan 10 pasos en total, entonces, ahorita baja a cada escalón, uno antes del escalón 10, en el escalón 9 que resolviste ... más probable ahí juntaste todo el dinero que querías juntar. Cuál era el problema que requerías resolver uno antes en el escalón 8 de esta escalera. Entiendes la manera en que puede planear y llegar a tu destino. Tener la claridad o planear como un GPS te puede apoyar como no tienes idea.

Requieres constantemente evaluar como estas yendo en el camino. Con que complicación te topaste, que es lo que requieres resolver.

Créeme, eso se aplica en todos lados de tu vida, de Empresario, directores, Managers, Obreros o Amas de casa, entre muchos otros. Es lo más normal, o por lo menos cuando se complican las cosas, entonces con más facilidad te mueves en tu vida. Requieres aplicar una permanente autoevaluación, si no lo haces, pierdes tus deseos o sueños de la mirada y si no lo tienes en la mirada se mueve a tu subconsciente y ahí se queda hasta que te recuerdes en algún momento, así de simple. Porque crees existen tantas personas que no logran nada nunca en su vida, que se mueven como robots o como automatizada ni vida tienen, porque simplemente se olvidan de vivir. ¿Te está dando algún sentido? Pero si tú eliges dar sentido a tu vida, a tu propia vida, conviértete en este motor que te hace seguir adelante, quítate los frenos del vehículo, ya no quieres frenos, vete en full a la autopista hacia tu destino y realiza tus sueños y deseos, la vida es corta nunca lo olvides.

Cuáles son las cosas que siempre quisiste hacer, pero nunca hiciste, porque te faltó algo, porque tenías miedo, porque se te hizo ridículo, existen muchos porque's, pero ninguna verdadera razón del porque no lo hiciste.

Soñaste subirte a un Paracaídas, o a la montaña rusa, o ir en una moto, o de vacaciones en una casa de campaña. Todos tenemos estos sueños alguna vez, ¿cuál fue tu verdadera razón para no hacer lo que desde hace mucho tiempo querías hacer? Revísalo, te estas vendiendo a ti mismo la razón que para ti es verdad del porque no. Por ejemplo, desde hace mucho tiempo (solo es un ejemplo) querías realizar un salto de Paracaídas, pero nunca lo hiciste, tu cerebro invento tantos pretextos para no hacerlo, pretextos como: Es caro, no hay dinero, no hay tiempo, es lejos de aquí, no es seguro.

Pero la verdad es que tu corazón lo quiere, porque no buscas lo que tu corazón quiere, satisface a tu alma, son cosas que si no lo haces, más adelante lo vas a lamentar, te hace falta y te persigue por el resto de tu vida. No son locuras, son cosas comunes, muchos otros también lo hacen, eso por si acaso tu corazón quiere hacer cosas más por el lado común. Si son cosas extraordinarias, algo como, quiero ir al espacio, al universo, bueno, eso también quieren muchos, pero requieres generar desde antes la cantidad de dinero extraordinaria. Pero para que veas, también eso ya es posible, ya no existen justificaciones que realmente sean válidas. Es solamente que tu Subconsciente te engaña, que es sobreprotector, que no quiere que te arriesgues, pero cuando lo haces en todas formas, es increíble, vas estar lleno de felicidad, te vas a sentir completo, nadie te puede quitar eso. De un momento a otro te conviertes en la persona más feliz del mundo, todo eso es porque lo hiciste, porque ya no escuchaste las justificaciones internas, los juicios, simplemente fluiste, te dejaste caer a lo que tu corazón quería. Es muy fácil y es muy sencillo. No importa cuánto buscas respuestas en tu vida, lo que tú quieres, simplemente hazlo, lo que tu corazón quiere, hazle caso, y a las cosas que te hacen feliz, consíguelas y vas a ver cómo te cambiará tu vida eternamente.

Si te detienes en tu vida, entonces todas estas cosas que te hacen disfrutar tu vida, no van estar. Hay que vivir, hay que disfrutar, la vida sigue hasta tu ultimo respiro. Lo único que detiene la vida es la muerte, si estas en este momento, bueno, entonces ya es tarde, y si no lo hiciste, déjame decirte, ya es tarde, perdiste el momento adecuado. Si tu elección es no hacerlo, es aceptable, pero, pregúntate a ti mismo, cuál es tu razón realmente racional y honestamente, y si eres honesto contigo mismo, no encuentras ninguna razón. Sigue caminando en tu vida, sigue disfrutando cada respiro que haces, inhala la vida como si fuera tu último momento, disfrútalo al máximo, te lo mereces. Date a ti mismo esta oportunidad de vivir al máximo, permítete a ti mismo llegar por encima de tus posibilidades. Si estas por encima, lograste otro desafío, o simplemente te satisficiste a ti mismo.

Yo en lo personal conozco a muchas personas que no se autorrealizan, que se detienen, que tienen sueños y no los realizan, que se lamentan todo el tiempo pero que no se mueven. Lo más importante es que te autorrealices, que no pienses: "¿Y qué pasaría si lo hubiera hecho?". ¿Tú te estas preguntando cuántas cosas no hiciste en la actualidad? Que seas honesto. No te quedes como mediocre, eso no te va a funcionar.

Cada persona puede estar por encima de su posibilidad

Si no me crees, déjame decirte, cuando tu naciste, tenías absolutamente todas las posibilidades para tu vida. Cuando te desviaste, cuando te conformaste con lo que tienes. Porque honestamente, para no llegar por encima de tu posibilidad es simplemente el conformismo, el no retarte. La comodidad para muchas personas es tan buena, a lo menos que se mueven a lo mejor. Pero hacia donde puedes llegar, así de cómodo, con los pies arriba de una silla en frente de una televisión.

A la mayoría de las personas no les gusta el estrés, a mí tampoco me gusta. Pero, para llegar por encima de tu posibilidad requieres manejar también el estrés, porque, nunca es fácil llegar más lejos. Crees que ganar una medalla en el Atletismo es sencillo, no te olvides los años de entrenamiento. Ser Manager de una empresa tampoco es así de sencillo, todos los cursos y capacitaciones que requieres tomar para aprender otros aspectos y crear otras habilidades.

Hablando de habilidades. Para llegar por encima de tu posibilidad requieres tener habilidades, para absolutamente todo lo que quieras realizar o hacer. No puedes ser empresario sin tener desarrollado las habilidades que requiere un empresario, ventas, administración, el conocimiento de los productos y muchas más cosas. Para ser deportista de cualquier deporte requieres entrenar duramente si quieres llegar más lejos. Pero, absolutamente todos podemos llegar más lejos.

Con cada ser humano se define diferente su máxima posibilidad, sabes. No podemos medir a todos en la misma manera. El Atleta de la silla de rueda no camina los 100 metros en menos de 10 segundos, pero él también puede ganar en las olimpiadas su medalla. Tú mismo puedes obtener logros extraordinarios, lo que para ti si es extraordinario, para otros es algo normal. No se mide la cosa en general, se mide individual. Déjame también decirte, existen muchas cosas que haces tú también que muy probablemente que otros no hacen y eso también es bueno.

¿Qué significa para ti llegar por encima de tu posibilidad? Así de extraordinario, que puedes hacer tú para llegar. Vive tus sueños y tus propósitos al máximo, eso si te hace llegar más lejos de lo que tu piensas. Ahora, déjame cerrar mi primer libro con esta frase que tiene muchísima razón:

"El dolor pasa. El sudor se seca. El cansancio termina. Pero hay algo que nunca desaparecerá, la satisfacción de haberlo logrado todo lo que te has propuesto"

Muchas gracias y ojalá te pudiera mover un poco en tus pensamientos y te haya dejado algún aprendizaje. Estoy seguro, que si tú quieres, puedes lograrlo.

¿Cuándo vas estar tu por encima de tu posibilidad? Acuérdate, está en tus pensamientos, escucha a tu corazón, crear un plan y empieza a moverte para llegar hacia donde tú quieres llegar. Es muy simple, nada espectacular, todo empieza con un deseo o con un sueño y al final, lo concluyes o no concluyes, eso depende de ti.

Ahora te voy a dejar un planificador de vida. Este planificador de vida te ayuda mucho para que puedas llegar por encima de tu posibilidad, para llegar hacia donde tú quieres llegar. Si contestas cada renglón, y si le hechas realmente las ganas que se requieren para llenar cada punto, te puedo asegurar si vas a llegar, vas a sentir como es en cuando ya llegaste por encima de tu posibilidad. Rétate, no te hagas las cosas fáciles, escribe verdades no maquillajes, se honesto u honesta y vas a ver cómo te puede funcionar.

Es importante recordar que cada año trae consigo nuevas oportunidades y desafíos. Reflexionar sobre el año pasado nos permite aprender de nuestras experiencias, tanto los éxitos como los obstáculos que enfrentamos. Al mismo tiempo, mirar hacia el año actual nos brinda la oportunidad de establecer metas claras y trabajar hacia su realización.

El proceso de alcanzar nuestras metas puede ser desafiante y a veces impredecible, pero es fundamental mantener la honestidad con nosotros mismos y con los demás en cada paso del camino. La honestidad nos permite evaluar nuestras fortalezas y debilidades de manera objetiva, lo que nos ayuda a tomar decisiones informadas y a crecer como individuos.

Al visualizar el próximo año, es importante mantener una actitud positiva y proactiva. Alcanzar nuestras metas requiere dedicación, perseverancia y, a veces, tomar riesgos calculados. Sin embargo, también es crucial recordar celebrar nuestros éxitos, grandes y pequeños, a lo largo del camino.

Siempre es valioso compartir nuestras experiencias y logros con los demás, ya que podemos inspirar y motivar a quienes nos rodean. Compartir nuestras fotos y logros en nuestras comunidades no solo nos permite mostrar nuestro progreso, sino también fortalecer nuestros lazos con quienes nos apoyan.

Por lo tanto, sí, estoy listo para enfrentar los desafíos del próximo año con determinación y honestidad. Agradezco tus buenos deseos y te animo a seguir trabajando hacia tus propias metas con la misma pasión y compromiso. Juntos, podemos alcanzar nuestros sueños y contribuir al crecimiento y bienestar de nuestra comunidad.

Workbook Planificador de vida
Self Coaching Solution

¿Qué es esto?

Este workbook te ayudará a repasar lo conseguido hasta ahora y a planear tu vida en el futuro inmediato.

¿Por qué es bueno para mí?

Realizar este planificador te va a ayudar a reconocer mejor tus éxitos e insatisfacciones, y ver la cantidad de cosas que han sucedido en el último año. Aprender del pasado ayuda a planear el futuro, para no caer en las mismas trampas y tomar las riendas de tu vida.

¿Qué requiero?

- al menos dos horas ininterrumpidas (para reflexionar sobre los últimos 12 meses)

- al menos una hora ininterrumpida (para planear tu próximo año)

- un calendario de este año, del próximo año y del año pasado

- puedes trabajar con un cuaderno o papel o en medio digital como computadora, Tables o un Celular

- sinceridad y transparencia

- busca tus bolígrafos favoritos

Prepárate

Acomódate.

Pon música relajante.

Prepárate una bebida caliente.

Deja a un lado tus expectativas.

Cuando lo consideres, empieza.

Tus últimos 12 meses

Revisa tus calendarios

Toma tus calendarios, revisa por lo menos tus últimos 12 meses y repásalo semana por semana. Si encuentras un acontecimiento, encuentro o tarea importante, escríbelo en tu cuaderno....

Esto es lo que ha sucedido los últimos 12 meses

- ¿Cuáles fueron los aspectos más decisivos en las siguientes áreas*?
- ¿Cuáles fueron los acontecimientos más importantes?

Resúmelos en unas pocas palabras

- Vida personal y familia
- Pertenencias (casa, objetos)
- Relaciones sociales y amistades
- Desarrollo personal y profesional

Finanzas

*Los aspectos que elijas definen lo que es importante para ti.
- Trabajo y negocios
- Relajación, aficiones y tiempo de ocio
- Salud, estado físico
- Salud emocional
- Metas personales logradas en los últimos 12 meses
- Metas personales NO logradas en los últimos 12 meses

Seis frases sobre los últimos 12 meses

- La decisión más sabia que tomé...

- La lección más importante que aprendí...

- El mayor riesgo que asumí...

- La mayor sorpresa....

- La cosa más importante que hice para otros...

- El logro más grande...

Seis preguntas sobre los últimos 12 meses

- ¿De qué estás más orgulloso/a?

- ¿Cuales tres personas han tenido el mayor efecto en ti?

- ¿En qué tres personas has influido positivamente?

- ¿Qué no pudiste terminar?

- ¿Qué es lo mejor que has descubierto sobre ti mismo/a?

- ¿Qué es aquello por lo que te sientes más agradecido/a?

Los mejores momentos

Describe los momentos más bonitos, más alegres y más recordables de los últimos 12 meses.

- ¿Qué sentiste?
- ¿Con quién estabas?
- ¿Qué hacías?
- ¿Qué es lo que más recuerdas?

Mis tres mayores logros en los últimos 12 meses

- ¿Qué has hecho para alcanzar estos éxitos?

- ¿Quiénes te ayudaron a alcanzar estos éxitos? ¿Cómo?

Mis tres mayores desafíos en los últimos 12 meses

- ¿Quién o qué te ayudó a superarlos?

- ¿Qué has aprendido de ti mismo/a mientras superabas estos desafíos?

El perdón

¿Pasó alguna situación en los últimos 12 meses por los que consideres que tienes que dar tu perdón? ¿Alguna acción o palabras que te hirieron? O ¿alguna razón por la que estás enfadado/a contigo mismo/a?

Escríbelo.

Hazte un favor y perdona. *

*Si todavía no estás preparado/a para perdonar, escríbelo de todas formas. Hacerlo ayuda.

Desahogo y cierre de ciclo

¿Qué más debes reconocer para poder cerrar los 12 meses anteriores?

- ¿Cuáles son las cosas de las que te tienes que desprender para empezar un nuevo ciclo?

Descríbelas, reflexiona, y libérate de ellas.

Los últimos 12 meses en tres palabras

Cierre del ciclo anterior

Si ha quedado algo que quieres escribir o hay alguien de quien te quieras despedir, hazlo ahora.

Has terminado con el ciclo pasado.

Has terminado la primera parte.

Respira profundo.

Descansa un poco.

Preparando el futuro inmediato, a través de tu planificador de vida

Self Coaching
Solution.

Focaliza tu atención en lo que quieres lograr

Sueña con algo grande…. Piensa en los próximos 12 meses

¿Qué aspecto tiene este próximo periodo de 12 meses para ti? ¿Cuál es el logro ideal? ¿Por qué será bueno? Escribe, líbrate de tus expectativas y sueña.

Esto es lo que quiero en los próximos 12 meses para mí

Define los aspectos más decisivos de los próximos 12 meses en las siguientes áreas.

- ¿Cuáles son los logros más importantes que deseas obtener?

(Resúmelos en unas pocas palabras.)

- Vida personal y familia

- Pertenencias (casa, objetos)

- Relaciones sociales y amistades

- Desarrollo personal y profesional

- Finanzas
- Trabajo y negocios
- Relajación, aficiones y tiempo de ocio
- Salud, estado físico
- Salud emocional

Tríos mágicos para los próximos 12 meses

- Estas tres cosas me van a gustar de mí mismo/a.
- Estoy listo/a para desprenderme de estas tres cosas.
- Estas son las tres cosas que más deseo lograr.
- Éstas son las tres personas en las que me puedo apoyar en los momentos difíciles.
- Estas son las tres novedades que me voy a atrever a descubrir.
- Tendré la fuerza de decir que «no» a estas tres cosas.
- Con estas tres cosas voy a hacer que mi alrededor sea más acogedor
- Voy a hacer estas tres cosas cada mañana.
- Con estas tres cosas me voy a consentir habitualmente.
- Voy a visitar los siguientes tres lugares.
- De estas tres maneras voy a conectar más con las personas que quiero.
- Con los siguientes tres regalos voy a premiar mis propios éxitos.

Seis frases para los próximos 12 meses

- Estos próximos 12 meses no voy a posponer...
- Estos próximos 12 meses voy a sacar fuerzas de...
- Estos próximos 12 meses voy a ser más valiente cuando...
- Estos próximos 12 meses, voy a decir «sí» cuando...
- Mi consejo para mí mismo/a este año es...
- Estos próximos 12 meses serán especiales para mí porque...

Mi palabra para estos próximos 12 meses

Elije una palabra para esta próxima etapa de vida. Esta palabra te dará fuerzas para que no abandones tus sueños, y podrás apoyarte en esta palabra cuando necesites un poco de ayuda. Esta palabra caracterizará esta nueva etapa que tienes por delante.

Deseo secreto

- Deja volar tu imaginación. ¿Cuál es tu deseo secreto para el año que viene?

FELICIDADES¡¡¡ Has finalizado de preparar la mentalidad apropiada para el viaje a esta nueva etapa de tu vida

Promesa

Escribe una breve carta dirigida a ti mismo/a, haciendo la promesa de todo aquello sobre lo que te comprometes a cumplir en los próximos 12 meses

Que tengas un extraordinario viaje...

Acerca del autor

James Lass - Nacido en Alemania en el 1966 de una familia de medios. Creciendo en Duesseldorf , terminado sus estudios se enfoque en su propio negocio. Empezó de comerciante Compras/Ventas, después cambio por el lado de las Finanzas con la especialidad de IPO's (Inicial Public Offerings). En cuando se cayo en World Trade Center en Nueva York, James vendió a sus Socios este mismo Negocio. Para no empezar desde cero otra ves en Alemania, a través de un conocido amigo de Alemania, James se mudo a México en el año 2002 y desde este momento la vida igual de turbulenta con altos, medianos y bajos. Puse su negocio de Software, especializado a ERP's (Enterprise Resource Planning

Systems) la cual en el año 2015 ha dado la baja y desde este momento se dirigió a otros negocios y a estudiar la esencia de la mente, del Coaching, las filosofías antiguas y a muchos más.